MBC
잠깐만

KI신서 3101

행복하기로 마음먹은 날, 세상이 달라집니다
MBC 잠깐만

1판 1쇄 인쇄 2011년 1월 20일
1판 1쇄 발행 2011년 1월 25일

지은이 이인경 장연선　**펴낸이** 김영곤　**펴낸곳** (주)북이십일 21세기북스
출판컨텐츠사업부문장 정성진　**생활문화팀장** 김선미　**기획편집** 김순란
마케팅영업본부장 최창규　**마케팅** 김보미 김현유 강서영　**영업** 이경희 우세웅 박민형
출판등록 2000년 5월 6일 제10-1965호
주소 (우413-756) 경기도 파주시 교하읍 문발리 파주출판단지 518-3
대표전화 031-955-2100
팩스 031-955-2151
이메일 book21@book21.co.kr　**홈페이지** www.book21.com
트위터 @21cbook　**블로그** blog.naver.com/book_21

값 13,000원
ISBN 978-89-509-2857-5 03400

이 책 내용의 일부 또는 전부를 재사용하려면 반드시 (주)북이십일의 동의를 얻어야 합니다.
잘못 만들어진 책은 구입하신 서점에서 교환해 드립니다.

MBC 잠깐만

글 이인경·장연선

21세기북스

[프롤로그]

잠깐만, 우리 이제 함께 나눠요

　개인적으로 MBC라디오 캠페인 프로그램 〈잠깐만〉을 연출하기 시작한 지 10개월이 되었습니다. 긴 시간은 아니었지만 그간 방송인 김제동 님, 이원복 교수님, 배우 고두심 님, 축구선수 이동국 님, 산악인 엄홍길 님, 성우 배한성 님, 군인(?) 조인성 병장님, 가수 윤종신 님, 시인 신달자 님 등 많은 분들이 〈잠깐만〉에 출연해 주셨습니다. 새로운 만남, 뜻 깊은 이야기는 방송을 듣는 청취자들에게도 축복이지만, 일선에서 방송을 제작하는 PD에게도 신선한 자극이며 행복이 됩니다.

　세월을 거슬러 1990년 11월 19일 첫 전파를 쏜 〈잠깐만〉…. MBC 표준FM, FM4U 이렇게 두 채널에 매주 한 분씩 출연을 하시기 때문에 지금까지 어림잡아 이천 여분이 목소리와 함께 좋은 뜻을 전해주셨네요. 그 모든 분들께 MBC라디오 PD 일동을 대표하여 감사의 말씀부터 먼저 올리고 싶습니다. 고맙습니다.

우리는 미디어와 광고의 홍수 속에 살고 있습니다. TV와 라디오를 켜거나 신문, 잡지를 펼치면 많은 캠페인들을 보고 들을 수 있습니다. 또 거리를 걸으며 만나게 되는 벽보와 플랜카드에서도 무수히 많은 메시지들을 읽게 됩니다. 요즘은 스마트폰과 태블릿PC까지도 추가됐죠. 상업적인 목적의 광고뿐만 아니라 좋은 이야기와 올바른 정보, 그리고 훈훈한 감동을 전하려는 많은 매체의 캠페인들 가운데 〈잠깐만〉이 20년이 넘는 세월 동안 살아남은 이유는 무엇일까요? 이것이 〈잠깐만〉의 출판을 제안 받았을 때 가장 먼저 떠오른 질문이었습니다. 이 질문에 대한 대답은 그리 어렵지 않게 깨달을 수 있었습니다.

방송일 가운데 가장 까다로운 일은 바로 섭외라고 합니다. 〈잠깐만〉도 예외는 아니죠. 아니, 오히려 더 까다롭다고 해야 할 겁니다. 인기가 많다는 이유만으로, 토크를 잘 한다는 이유만으로, 베스트셀러를 썼다는 이유만으로 출연자를 선정할 수가 없습니다.

좋은 이야기로 청취자들의 공감을 얻어낼 수 있는 명사를 매주 두 분씩 섭외한다는 건 여간 어려운 일이 아니죠. 하지만 어렵게 구한 전화번호로 그 분께 전화를 드리는 순간, 섭외는 의외로 쉬워집니다. "아 네, 여기 잠깐만 캠페인인데요. MBC 라디오요. '잠깐만~~ 우리 이제 한번 해봐요. 사랑을 나눠요~' 이거 아시죠?" 이렇게 〈잠깐만〉의 시그널송을 입으로 불러드리면 단박에 출연을 승낙하십니다. 대한민국 국민이라면 누구라도 따라 부를 수 있는 '잠깐만~~♬'이라는 타이틀의 힘, 이것이 바로 〈잠깐만〉 캠페인의 힘입니다. 이 시그널송 위로 흘러나오는 이야기의 힘이며, 진실된 목소리의 힘입니다. '잠깐만'이라는 타이틀과 함께 흘러나올 이야기라면 귀담아 들을 만한 가치가 있다는 걸 청취자도 출연자도 알고 있는 거죠. 비단 〈잠깐만〉만의 이야기는 아닙니다. TV에 나와서 표정과 손짓, 몸짓으로 강조하는 이야기는 연기로 느껴지지만, 라디오를 통해 들려오는 목소리에는 꾸밈이 없습니다. 과장된 TV 화면 속 이야기와는 달리 라디오에서 들려오는 목소리는 진실되죠. 이것은 첨단을 달리는 21세기에도 라디오가 유효한 이유이기도 합니다.

  이 책은 최근 3년간 〈잠깐만〉을 집필한 장연선, 이인경 두 작가의 글을 묶었습니다. 응당 두 작가의 글이 책 서두를 장식해야 마땅하지만, PD라는 이유로 제가 깜냥도 모르고 글머리를 쓰게 됐습니다. 평소에 하지 못했던 감사의 말을 이 책을 핑계로 이제야 두 작가에게 할 수 있게 됐네요. 좋은 글 써주셔서 고맙습니다.

  〈잠깐만〉 캠페인이 아무리 좋은 이야기를 담는다 하더라도 기적을 이룰 수는 없겠지만, 이 사회의 행복지수와 온기를 한 뼘 만큼이라도 높일 수 있다면 더없이 기쁠 것 같습니다. 또 이 책을 통해 여러분들이 각박한 이 사회에서 사람 냄새를 맡고, 절망 속에서도 희망을 꿈꿀 수 있으면 좋겠습니다. 더불어 이 책 역시 행복해지기를 바라는 모든 사람에게 어울리는 책이 되길 바랍니다.

MBC 라디오 프로듀서 김재희

CONTENTS

4
프롤로그
—잠깐만, 우리 이제 함께 나눠요

12 황정민	**36** 도종환
17 박원순	**44** 김혜남
24 엄홍길	**52** 김제동
29 김홍신	**57** 김효정

63 강지원	**82** 김어준
70 김세환	**87** 김영희
75 김수용	**94** 노홍철

99 최효종	**124** 윤종신
106 이상은	**129** 이동우
111 바비킴	**136** 정해광
117 신달자	**141** 고두심

147 송진구	**178** 김수지
154 이영희	**183** 조연환
159 김영희	**190** 성석제
166 임지호	**195** 김창옥
171 나문희	**202** 차동엽

207 인순이

225 양상국

214 허구연

231 이순재

219 이광희

238 한미영

243 홍성표

263 이상묵

250 공병호

270 배병우

258 정동환

275 김수미

282 금난새

311 신경숙

287 김중만

318 노희경

294 강풀

323 이봉주

299 이충렬

330 고도원

306 서희경

335 이시형

342 손정은

359 신의진

347 전제덕

366 이성주

354 김남희

372 김용건

인생을 마무리할 때, "잘 살았다." 이 한 마디를

끌어낼 수 있다면 성공이겠죠?

이왕이면 나 혼자만의 성공과 행복이 아니라 더불어

누릴 수 있는 행복이면 좋겠습니다.

황정민 배우

1970년 경남 마산 출생. 극단 학전에서 연기에 입문하여 영화 〈와이키키 브라더스〉〈로드무비〉를 통해 이름을 알리기 시작했다. 이후 〈바람난 가족〉〈달콤한 인생〉〈너는 내 운명〉〈행복〉〈부당거래〉 등에서 폭넓은 연기를 선보이며 대한민국을 대표하는 남자 배우로 우뚝 섰다. 2005년 청룡영화상, 대한민국 영화대상 남우주연상을 수상했다. 〈나인〉〈웨딩싱어〉 등의 뮤지컬에도 출연해 무대를 뜨겁게 달궜다.

가장 행복한 사람

행복은 일생에 한 번 있을까 말까 하는 큰 행운보다는 날마다 일어나는 소소한 편안함과 기쁨에서 더 많이 찾을 수 있다. −벤저민 프랭클린

영국의 한 신문사에서 독자들을 대상으로 가장 행복한 사람에 대해 설문조사를 했습니다.

3위는 구슬땀을 흘리며 공예품을 완성한 목공, 2위는 아기를 목욕시키거나 재우고 나서 뿌듯해하는 어머니, 그리고 대망의 1위는 바닷가에서 모래성을 막 완성한 어린이가 차지했습니다.

여러분은 어떤 행복을 꿈꾸고 계시나요? 앞서 설문조사대로라면, 우린 이미 가장 행복한 사람이 돼 있는 건 아닐까요?

숨어있는 1인치

당신의 눈을 안으로 향하게 하라. 그러면 당신의 마음속에서 아직 발견되지 못한 천 개의 지역을 발견할 수 있을 것이다. 그곳을 여행하라. 그리고 자신이라는 우주의 대가가 되어라.
-헨리 데이비드 소로

인생과 풋볼은 1인치가 결정한다는 말이 있습니다. 그 1인치가 모여 결국 '승패'와 '생사'를 좌우한다는 건데요.

어느 광고 카피처럼 어쩌면 인생은 숨어있는 1인치를 찾기 위해 평생을 애쓰는 과정이 아닌가 싶습니다.

자! 세상은 상상하는 것만큼 이뤄지고, 꿈꾸지 않는다면 아무것도 이루어지지 않습니다. 나에게 숨어있는 1인치를 찾는 기쁨, 꼭~ 누리시길 바랍니다.

'남보다'보다 '전보다'

남보다 잘하려고 고민하지 마라. 지금의 나보다 잘하려고 애쓰는 게 더 중요하다.
−윌리엄 포크너

아무리 연기를 오래 한 배우라고 해도 작품마다 역할은 매번 다릅니다. 저 역시도 뮤지컬이 좋아 꾸준히 하고 있지만, 새로운 작품에서 배역을 맡을 때마다 '제대로 해내지 못하면 어쩌나~' 걱정이 앞서곤 합니다.

그런데 누가 그러더군요. '남보다' 잘하려 하지 말고, '전보다' 잘해라! 그렇습니다. 남보다 잘하기보단 전보다 잘하려고 노력해야 더 큰 내가 될 수 있습니다.

사람을 대담하게 만들고, 전진하게 만드는 자극제인 경쟁! 이제 기준을 '남'이 아닌 '나'로 만들어보세요.

마지막 한 마디

행복해지기 위한 시간은 바로 지금이다. 행복해지기 위한 장소는 바로 이곳이다. 행복해지기 위한 방법은 다른 사람도 행복하게 해주는 것이다. －로버트 잉거솔

제가 좋아하는 말이 있습니다.
"잘 살았다. 가슴이 시키는 대로, 지금 이 순간 삶의 한가운데로~"
앨런 코헨의 책, 《내 것이 아니면 모두 버려라》에 나오는 한 구절인데요.

이 구절의 마지막 말은 이렇습니다.
"그 말을 마침내 끌어냈다."

인생을 마무리할 때, "잘 살았다." 이 한 마디를 끌어낼 수 있다면 성공이겠죠? 이왕이면 나 혼자만의 성공과 행복이 아니라 더불어 누릴 수 있는 행복이면 좋겠습니다.

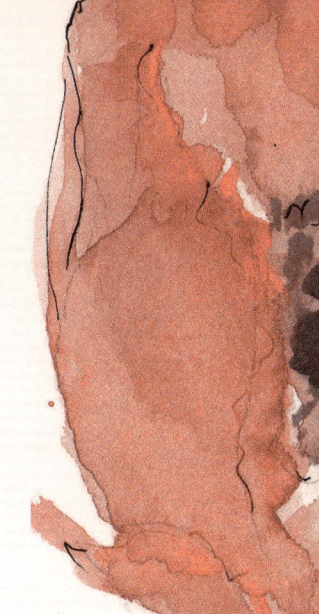

 ## 박원순 희망제작소 상임이사

1956년 경남 창녕 출생. 1980년 사법고시에 합격하여 1983년부터 인권변호사로 일해왔다. 참여연대 창립을 이끌고 아름다운재단, 아름다운가게를 설립하여 기부문화를 정착시키는 데 공헌했다. 2006년 희망제작소를 만들어 우리 사회의 희망을 설계하는 '소셜 디자이너'로 왕성하게 활동 중이다. 《희망을 심다》《마을이 학교다》《원순씨를 빌려 드립니다》 등 여러 권의 책을 썼다.

걱정인형

걱정 없는 인생을 바라지 말고, 걱정에 물들지 않는 연습을 하라. -알랭

과테말라에는 '걱정인형'이란 게 있습니다. 이 인형에게 자신의 걱정을 이야기하거나 인형을 베개 밑에 넣어두고 자면, 걱정은 인형들이 대신하고 본인은 그 걱정을 안 하게 된다는 것입니다.

전설의 진실이야 어찌 됐든, 사람들이 가진 걱정들을 해결해주거나 심리적으로 줄여주니 아주 탁월한 아이디어였습니다.

이 시대에 우리에게도 '걱정인형' 같은 존재가 있으면 얼마나 좋을까~ 아이 같은 생각을 해봅니다.

생태 표지판

훌륭한 인간은 생명이 있는 모든 존재와 친구가 된다. —마하트마 간디

월드컵 경기장 하늘공원에서 아주 특이한 표지판을 발견했습니다. 가까이 다가가 보니… 아이구~ 개구리를 조심하라는 표시였습니다.

'북방산 개구리'가 뭔지는 잘 몰라도, 이런 길은 자동차 없이 사람들이 걷거나 자전거만 다닐 수 있으면 얼마나 좋을까 싶었습니다.

개구리 조심, 여우조심, 사슴 조심… 이런 표지판을 많은 골목과 거리, 도로 곳곳에서도 볼 수 있길 바랍니다.

귀한 가르침

주는 자는 가르치고, 받아들이는 자는 배운다. -랠프 월도 에머슨

서울 도봉구의 제법 큰 건물 앞에는 재활용으로 만들어진 화분이 놓여 있습니다. 그 건물의 소유자인 할머니는 '북한산 호랑이'로 소문나 있는데, 산에 쓰레기를 함부로 버리거나 공동으로 쓰는 물건을 저 혼자 쓰는 사람들에게 호통 치는 것으로 유명하십니다.

요즘 우리 사회는 훈계하는 어르신에게 반말로 대드는 10대 모습에 경악하고, 청소년들의 잘못에도 못 본 척 침묵하는 어른들이 늘고 있습니다.

잘못에는 큰 소리로 혼내는 어르신이 있고, 그 가르침에 고개 숙이는 젊은이들이 가득한 훈훈한 사회를 꿈꿔봅니다

나눔의 방식

사람들에게 우리의 선을 전할 수 있는 유일한 방법은 선을 행하는 것이다. -볼테르

행사 때 진행자로 만난 아나운서가 있습니다. 그런데 이 아나운서의 나눔 방식이 독특했습니다. 그는 주말이면 장애인이나 어려운 사람들의 결혼식에서 사회를 맡는다고 합니다.

그렇습니다. 재능 있는 사람은 재능으로, 시간이 있는 사람은 시간으로 나눌 수 있습니다. 아나운서가 나누는 법은 바로 자신이 가진 재능을 나눠주는 것이었습니다.

달란트는 누구나 가지고 있습니다. 그러기에 세상에 나누지 못할 재능은 없습니다.

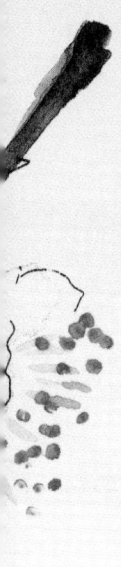

'산에 오른다'는 뜻의 등산은

아이러니컬하게도 하산에서 비로소 완성됩니다.

인생의 성공도 정상에 서는 게 아닙니다.

잘 내려와야

진짜 성공한 인생입니다.

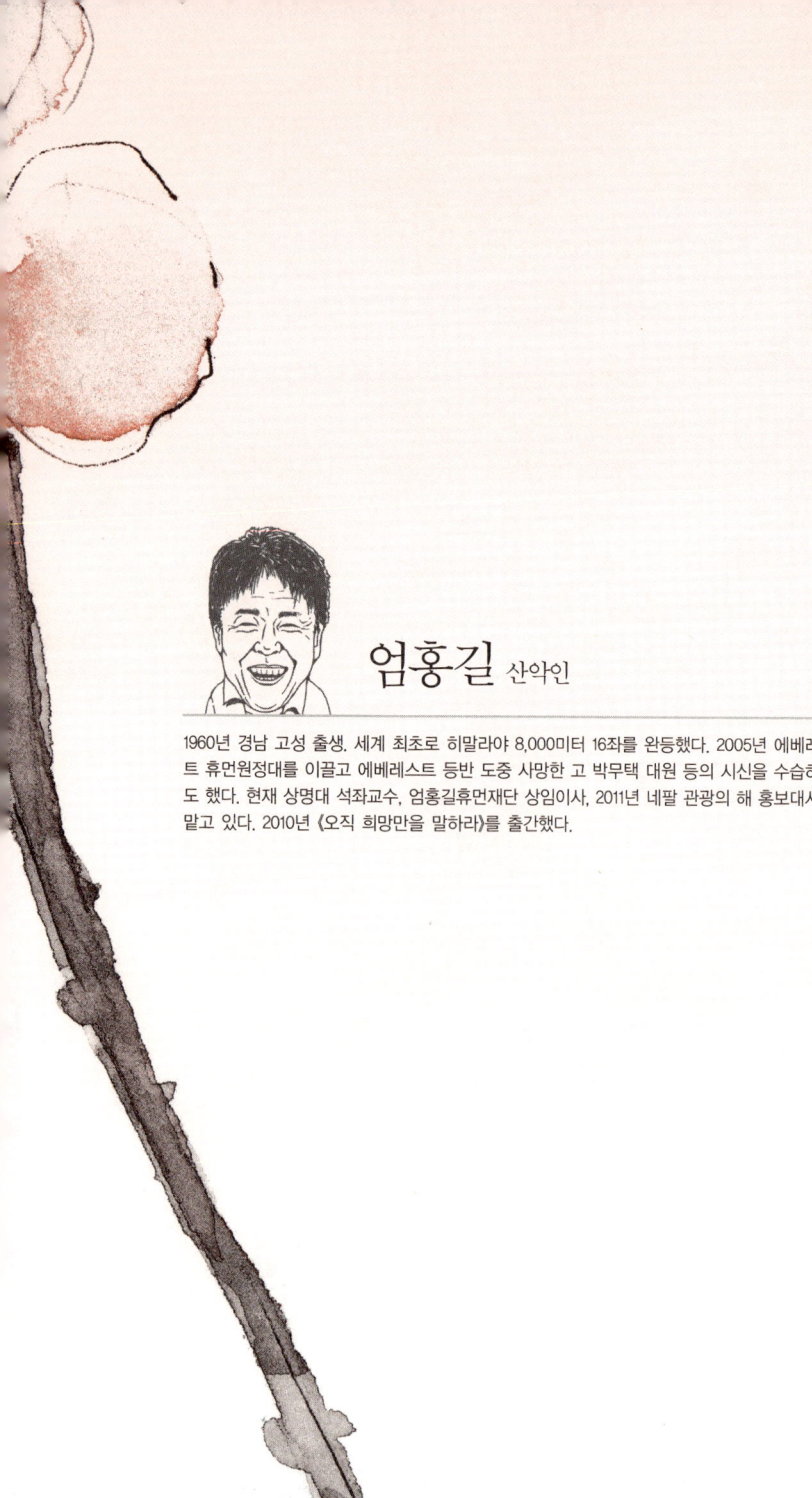

엄홍길 산악인

1960년 경남 고성 출생. 세계 최초로 히말라야 8,000미터 16좌를 완등했다. 2005년 에베레스트 휴먼원정대를 이끌고 에베레스트 등반 도중 사망한 고 박무택 대원 등의 시신을 수습하기도 했다. 현재 상명대 석좌교수, 엄홍길휴먼재단 상임이사, 2011년 네팔 관광의 해 홍보대사를 맡고 있다. 2010년 《오직 희망만을 말하라》를 출간했다.

등산과 삶

내려갈 때 보았네 올라갈 때 보지 못한 그 꽃 −고은

제게 왜 목숨을 걸고 험한 산에 가냐고 묻는 분들이 많습니다. 왜 산에 가는가, 이 질문에 저는 "왜 살아야 하는가?" 하고 반문하곤 합니다.

산은 삶과 비슷합니다. 목적지를 정해뒀다 해도, 그곳은 보이지 않고… 숨이 차지만 계속 가다 보면 언제 보이나 했던 정상에 도착해 있습니다.

'산에 오른다'는 뜻의 등산은 아이러니컬하게도 하산에서 비로소 완성됩니다. 인생의 성공도 정상에 서는 게 아닙니다. 잘 내려와야 진짜 성공한 인생입니다.

따뜻한 인사

타인에 대한 사려 깊음과 관대, 겸손, 그리고 자존감은 참된 인간을 만드는 특성이다.
-토머스 헉슬리

    네팔의 인사말은 '나마스테'입니다. 히말라야를 찾아오는 세계 각지의 사람들이 "나마스테!" 이 한 마디면 피부 빛깔이나 언어가 달라도 금세 마음을 엽니다.

    '나마스테'는 "내 안의 신이 당신 안의 신에게 인사합니다"라는 뜻입니다. 단순한 인사를 넘어 상대에 대한 존경과 배려를 뜻하는 것이겠죠.

    다문화사회, 따뜻한 배려의 힘이 어느 때보다 중요한 요즘입니다. 우리 사회의 아름다운 소통을 꿈꾸며 인사해봅니다.
"나마스테~"

길 만들기

세상에서 가장 중요한 일들은 대개 전혀 가망이 없어 보이는데도 끝까지 노력하는 사람들에 의해 이루어졌다. −데일 카네기

1986년 세계 최초로 히말라야 14좌를 완등했던 라인홀트 메스너. 그는 체력이 한계에 달해 쓰러질 것 같은 순간, 진짜 자신을 보았다고 했습니다. 이를 '하얀 고독'이라고 불렀죠.

살다 보면 메스너가 말하는 '하얀 고독'을 느낄 때가 있습니다. 더 이상 꼼짝할 수 없이 눈앞이 캄캄해지는 순간. 하지만 그때 비로소 우리는 살아온 길을 되돌아보게 됩니다.

눈 덮인 히말라야에는 길이 없는 듯 보이지만 분명 길은 있습니다. 주저앉지만 마세요. 하늘은 꾸준히 견디며 걷고 있는 당신에게 숨어 있던 새로운 길을 열어줄 겁니다.

실패의 기억

등산의 기쁨은 정상에 올랐을 때 가장 크다. 그러나 나의 최상의 기쁨은 험악한 산을 올라가는 순간에 있다. 인생에서 고난이 자취를 감췄을 때를 생각해보라. 그 이상 삭막한 것이 없을 것이다. -프리드리히 니체

16년 동안 서른여덟 번, 일 년에 두 번꼴로 히말라야를 찾았습니다. 그 가운데 열여덟 번은 중도에서 포기하고 되돌아왔죠.

저는 집에 돌아와 배낭을 풀 때마다 이제는 그만둬야겠다고 마음먹었는데요. 얼마 지나 다시 저를 일으킨 건 실패의 기억들이었습니다. 수많은 시행착오는 다음 등반의 소중한 자산이 되었습니다.

한 번도 넘어지지 않고 정상까지 간 사람은 아무도 없습니다. 실패는 내 삶의 걸림돌이 아니라 또 다른 모험을 위한 디딤돌입니다

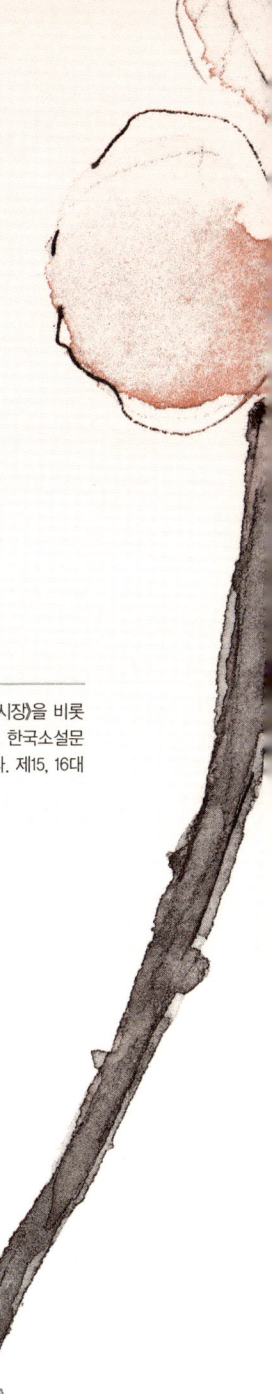

 김홍신 작가

1947 충남 공주 출생. 1976년 《현대문학》으로 등단한 이래 밀리언셀러를 기록한 《인간시장》을 비롯해 《칼날 위의 전쟁》 《내륙풍》 《대곡》 《김홍신의 대발해》 등의 작품을 발표했으며, 한국소설문학상, 현대불교문학상 등을 수상했다. 2010년 에세이집 《인생사용설명서》를 펴냈다. 제15, 16대 국회의원을 지냈으며, 현재 건국대 언론홍보대학원 석좌교수로 재직 중이다.

지구의 중심

자신의 내면에서 군림하고, 자신의 열정과 욕망, 두려움을 지배하는 자는 왕보다 위대하다. －존 밀턴

우리 민족이 보잘것없다고 말하는 학자에게 제가 물었습니다.
"지구의 중심은 어디입니까?"
그는 대답하지 못했습니다.
저는 이런 말을 드렸습니다.
"지구의 중심은… 박사님이 서 있는 바로 그 자립니다."

그렇습니다. 지구는 둥글기 때문에 내가 서 있는 바로 이 자리가 지구의 중심인 것이지요. 자신이 서 있는 곳, 바로 자신의 발밑이 지구의 중심이라고 생각하는 사람이야말로 영혼이 깨어 있는 사람입니다.

향기로운 배려

마음을 자극하는 단 하나의 사랑의 명약, 그것은 진심에서 오는 배려다. －메난드로스

산을 좋아하는 제가 겨울에 깜빡하고 아이젠 없이 산을 오른 적이 있습니다. 지팡이에 의지해 조심조심 오르기는 했지만, 내려갈 때는 아찔할 수밖에 없었습니다.

그때 한 낯익은 젊은 변호사가 저를 반기더니 얼른 배낭을 열고 아이젠을 꺼내주었습니다. 그는 저 같은 사람들을 위해 겨울 등반길엔 아예 아이젠 한 벌을 여벌로 가져온다고 했습니다.

그는 여전히 겨울 산행에 아이젠을 여벌로 챙긴다고 합니다. 소박하지만 아름다운 배려를 가르쳐준 그에게서 진~한 인간의 향기를 느꼈습니다.

마중물

마음은 베푸는 만큼 자신에게 되돌아온다. －해나 무어

예전에 지하수를 끌어올려 사용하는 '펌프'라는 게 있었습니다. 지렛대 같은 손잡이를 위아래로 계속 움직여야만 땅속의 물을 퍼올릴 수 있는 기구입니다.

그러나 그냥 펌프질만 해서는 안 되고 물을 한 바가지쯤 붓고 펌프질을 해야 물이 올라오는데, 그 한 바가지의 물을 '마중물'이라고 합니다. 손님을 '마중한다' 할 때의 바로 그 마중을 뜻하는 것입니다.

우리 인생도 무엇인가를 원한다면 마중물을 부어야 합니다. 내 마음이 먼저 마중물이 되어준다면, 상대방의 마음도 풍성히 길어 올릴 수 있습니다.

어리석은 욕심

가능한 한 긍정적인 생활태도와 긍정적인 마음을 갖는 것이 매우 중요하다. 그것이 당신 자신이나 다른 사람들에게 행복을 가져다줄 것이다. -달라이 라마

10여 년 전, 지하 방에 가득 쌓아놓았던 만여 권의 귀한 책을 잃은 적이 있습니다. 단 한 권도 건져내지 못했던 터라 그 당시에는 얼마나 분했는지 모릅니다.

잃은 책을 되찾고 싶은 마음에 여기저기 헌책방을 찾아다니다, 문득 제 자신을 돌아보았습니다. 어리석은 욕심으로 가득 찬 걸 깨달은 것입니다.

모든 것이 욕심이다~ 생각을 바꾸었을 뿐인데 그날부터 저는 신기하리만큼 마음이 편안해졌습니다. 잃은 것은 아쉬울 뿐이지, 욕심이 뻗칠 일은 정녕 아니었습니다.

숲은 하늘이 내려준

최고의 학교라고 했는데요.

아마 '더불어숲', 그 공존의 지혜가 우리를

한 뼘씩 자라게 하는 거겠죠?

 **도종환** 시인

1954년 충북 청주 출생. 교사와 시인을 병행해오다 1989년 전교조 활동으로 해직되었다. 1998년 복직했으나 건강 사정으로 다시 교단을 떠나 충북 보은 산자락에서 요양했다. 제8회 신동엽 창작상, 2006년 올해의 예술상을 받았고, '세상을 밝게 만든 100인'에 선정되었다. 시집으로 《접시꽃 당신》《사람의 마을에 꽃이 진다》《슬픔의 뿌리》 등이 있다.

시작

> 시는 가장 행복하고 가장 선한 마음의 가장 선하고 가장 행복한 순간의 기록이다.
> —퍼시 비시 셸리

칸영화제에서 각본상을 받은 이창동 감독의 작품 〈시〉, 이 영화의 주인공은 칠순을 바라보는 나이에 시 쓰기를 결심합니다. 알츠하이머로 단어를 하나씩 잊어가지만 결국 한 편의 시를 마무리해내죠.

시…, 이 단어를 어느덧 잊고 사는 시대가 돼버렸는데요. 시 한 편 가슴에 품어보세요. 시-작(詩作), 시 한 편 써보겠다는 그 '시작'의 꿈은 아름다운 인생의 '시작(始作)'이 됩니다.

기본기

높은 곳에 오르기 위해선 반드시 낮은 곳부터 시작해야 하는 것같이 먼 곳에 가려면 반드시 가까운 곳부터 시작하지 않으면 안 된다. -서경

　수년 전 몸이 아팠을 때 충북 보은 산자락에서 요양을 하며 제가 새롭게 했던 일 중 하나가 한글 쓰기 교본 사다놓고, 연필로 한글 정자체 쓰기 연습을 한 거였습니다.

　빨리빨리 재촉하면서 비뚤어진 글씨체처럼 내 삶에서 흐트러지고 무너진 기본들을 되돌아보자는 거였죠.

　운동도 기본 동작에 충실해야 근육이 생긴다고 합니다. 탄탄한 기본기, 거기에서 우리 삶의 근육도 튼튼해집니다.

숲유치원

서로 어울려서만 존재한다. 단순 소박한 삶을 살고 이 삶을 보여주고, 나눠주는 것. 그것이 스스로에게도 그리고 더불어 사는 다른 이들에게도 가치를 주는 삶이다. －도법

건물도 없고, 장난감도 별다른 교재도 없는데 요즘 전국 각지에서 소리 소문 없이 인기를 끄는 유치원이 있습니다. '숲유치원'입니다.

나뭇잎, 시냇물, 진흙을 갖고 놀 뿐이지만 숲유치원 아이들의 집중력과 참을성은 남다르다고 하죠.

숲은 하늘이 내려준 최고의 학교라고 했는데요. 아마 '더불어숲' 그 공존의 지혜가 우리를 한 뼘씩 자라게 하는 거겠죠?

인생 2막

나는 성공에 목매진 않지만, 내 인생의 빛을 따라 살아야 한다는 것만큼은 절대 포기하지 못한다. -에이브러햄 링컨

일본 정계가 러브콜을 보냈을 때, 호소카와 전 총리는 단호히 거절하며 말했습니다.

"난 지금 내 마음속 이상향을 향해 도전 중이다."

10년 전 정계를 떠나 '도예가'로 변신한 그는 총리 시절보다 지금 더 국민들의 뜨거운 갈채를 받고 있다는군요.

과거의 성취에 매달리지 않고 인생 2막을 여는 중년은 아름답습니다. 인생 후반전의 역전을 위한 도전, 준비하고 계신가요?

이기기

교육의 참된 목적은 각자가 평생 자기의 교육을 계속할 수 있게 하는 데 있다. −존 듀이

　서점마다 자기계발서적 코너엔 사람들 발길이 끊이지 않습니다. 책들의 키워드는 하나같이 '이기기'죠. 나 아닌 타인은 모두 경쟁 대상입니다.

　몇 년 전 국제학생학력평가에서 일등을 놓치지 않는 핀란드의 한 학교를 방문했는데요. 친구는 경쟁 대상이 아니라 협력의 대상이라고 하더군요. 그럼 경쟁은 누구랑 하냐고 물었더니 선생님은 이렇게 대답했습니다.
　"아이의 경쟁 상대는 자신입니다. 진짜 라이벌은 '보다 나은 내일의 나'인 거죠."

홀로 있는 시간을 즐겨보세요.

고독을 편안하게 껴안을 수 있을 때

우리의 우정과 사랑은

더 깊어질 수 있습니다.

김혜남 정신분석 전문의

1959년 서울 출생. 의과대학을 졸업하고 국립서울정신병원에서 12년 동안 정신분석 전문의로 일했다. 2008년 《서른 살이 심리학에게 묻다》를 펴내며 젊은이들의 멘토로 떠올랐다. 현재 김혜남신경정신과의원을 운영하며, 경희의대, 서울의대, 인제의대 등에서 학생들을 가르친다. 2006년 한국정신분석학회 학술상을 수상했다.

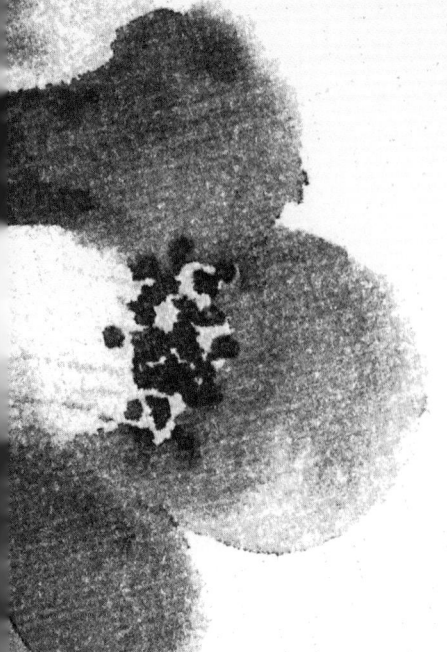

기억의 분리수거

나이가 들수록 힘들어지는 것은 정신과 육체가 쇠퇴해가기 때문이 아니라 기억이라는 무거운 짐 때문이다. -윌리엄 서머싯 몸

나이를 먹을수록 하나둘 잃어가는 게 많아집니다. 피부의 윤기도, 비상하던 기억력도 조금씩 사라져가죠.

기억력 감퇴는 서글픈 일이지만 신이 내린 선물이기도 합니다. 머릿속에 모든 걸 저장하고 살 수는 없으니까요.

집 안 곳곳 먼지를 털듯 삶에도 청소가 필요합니다. 버릴 건 버리고 소중한 것만 담아두기, 기억의 분리수거는 우리 마음의 공간을 넓혀줍니다.

행복강박증

삶은 신비이지, 수수께끼가 아니다. 삶은 살아야 하는 신비이지, 해결해야 할 문제가 아니다. —장자

건강, 건강을 입버릇처럼 말하며, 약 없이는 못 산다고 외치는 분들이 있습니다. '건강염려증' 환자들입니다.

행복해야 한다며, 행복을 입에 달고 사는 사람도 있죠. 행복도 처리해야 할 하나의 일이 돼버린 이분들을 전 '행복강박증'이라고 진단합니다.

건강도 행복도, 사람과의 관계도 의무가 되면 짐이 됩니다. 조금 가볍게 조금 헐렁하게, 몸과 마음의 건강을 지키는 다이어트 법입니다.

표정 관리

자신으로 살아라. 위대함을 흉내 내지 말라. 가장 자기다운 모습으로 기꺼이 받아들여져라. -새뮤얼 콜리

표정 관리를 잘 해야 성공한다는 말이 있습니다. 화가 나도 괜찮은 척, 서운해도 웃는 척, 잘 보여야 앞길이 보장된다고 합니다.

가면무도회에서 쓰는 가면은 우리를 즐겁게 하는데요. 일상의 가면은 다르죠. 어쩐지 불편합니다.

오늘은 잠깐만 거울에 비친 얼굴을 한번 들여다보세요. 표정 관리에 익숙해지면서 혹시 내 진짜 표정은 잊어버린 게 아닌지 말입니다.

홀로 있는 시간

고독한 인간은 천문학자 같아서 눈이 별로 가득 차 있다. 그는 혼자가 아니다.
-피에르 보나르

나 홀로 있는 시간이 두렵다는 분들이 많습니다. 외로움이 싫어서 휴대전화를 놓지 않고 인터넷 동호회를 떠날 수 없다고 하죠.

진짜 어른이 됐다는 증거 가운데 하나는 혼자 있는 시간과 함께 있는 시간을 잘 구분할 줄 안다는 겁니다.

홀로 있는 시간을 즐겨보세요. 고독을 편안하게 껴안을 수 있을 때 우리의 우정과 사랑은 더 깊어질 수 있습니다.

안녕 잘 하기

이별의 시간이 될 때까지는 사랑은 그 깊이를 알지 못한다. -칼릴 지브란

걸어서 서너 시간이면 다 돌아볼 수 있다는 작은 섬나라에는 "안녕"이라는 인사말이 없다고 합니다.

저는 우리에게도 "안녕"이란 작별인사는 없으면 좋겠다, 생각할 때가 많습니다. 하지만 죽음이 있기에 삶을 되돌아보듯 헤어짐이 있어 만남의 순간은 더 소중해지죠.

"안녕" 하면서 이별하지만 또 우린 "안녕" 하면서 만납니다.
여러분은 어떠세요? 멋지게 "안녕~" 인사할 자신 있으신가요?

모두가 같은 인간이라면서

1등 2등 평가로 줄을 세우는 시대입니다.

사람의 존재 그 자체로 아름다운 곳,

그곳이 진짜 우리가 꿈꾸는

인간적인 유토피아 아닐까요?

김제동 방송인

1974년 경북 영천 출생. 2002년 KBS 〈윤도현의 러브레터〉로 연예계에 데뷔하여 〈해피선데이〉 〈느낌표〉 〈연예가 중계〉 〈환상의 짝꿍〉 〈일요일 일요일 밤에〉 등을 진행했다. 2006년 KBS 연예대상 대상을 수상했고, 2009년 시작한 '김제동의 토크콘서트' 전회매진을 기록하며 타고난 이야기꾼임을 입증했다. 현재 MBC 〈7일간의 기적〉을 진행하고 있다.

마음 투시법

만약 그대가 자신을 알고자 한다면 다른 사람들이 하는 방식을 보라. 만약 그대가 사람들을 이해하고자 한다면 그대 자신의 마음을 들여다보라. −프리드리히 실러

한때 미국에서 화제가 된 화장품이 있습니다. 손톱에 바르고 있으면 감정에 따라 빛깔이 변하는 매니큐어인데요, 이 매니큐어를 산 사람들은 여성이 아니라 남성들이었다고 합니다. 여성의 속마음을 엿보고 싶어서였다나요.

마음 읽기는 인류의 오래된 소망이지만, 제아무리 첨단 기술이 발달해도 마음을 훤히 꿰뚫어볼 투시법은 개발되지 않았으면 좋겠습니다.

이해하고 또 이해하는 것이야말로 인류가 오래 간직하고 전해줘야 할 마음 투시법 아닌가요?

좋은 사람

보다 나은 사람이 되기 위해 쉴 새 없이 노력하자. 여기에 인생의 참된 의미가 있다. 악으로부터 벗어나 선인이 되기 위해서는 노력이 필요하다. —레프 톨스토이

신들의 섬, 인도네시아 발리에 가면, 아침마다 집이나 상점 앞에 과일이나 과자 바구니가 놓여진 것을 볼 수 있습니다. '차낭'이라고 하는데요.

발리 사람들은 매일 차낭을 준비해 신께 바치면서 어제보다 조금 더 좋은 사람이 되기를 기도합니다.

내 뜻대로 풀리지 않는 만만치 않은 세상입니다. 그래도 내가 가장 만만하게 할 수 있는 일은 나를 다듬어가려는 노력이 아닐까요? 좋은 사람 되기는 생각보다 쉬울지 모릅니다.

틀 바꾸기

현실을 바꾸는 것은 어려운 일이다. 하지만 생각을 바꾸기는 쉽지 않은가. 과감하게 발상의 전환을 이루도록 노력해보라. —나라 야스아키

"달걀을 똑바로 세워보시오." 했던 사람은 콜럼버스입니다. 그는 어떻게 세울 수 있나 어리둥절해 있는 사람들 앞에서 달걀 밑바닥을 깨뜨려서 세워 보이죠.

그러나 이에 답하듯 인도의 초대 수상인 네루는 말합니다.
"깨진 달걀은 다시 하나로 만들 수 없다!"

진리처럼 받아들여졌던 콜럼버스의 달걀도 생각의 틀을 바꾸면 다르게 보입니다. 역전의 역전, 그 유쾌한 반전이 새로운 세상을 보여줍니다.

훌륭하다

나는 사람의 직함이 아닌 사람 그 자체를 존중한다. 금속을 보다 단단하게 할 수 있는 것은 옥새가 아니다. −윌리엄 위철리

북극지방의 원주민을 이누이트 족이라 부르죠. 이누이트란 '인간'이라는 뜻을 갖고 있는데요.

그들에게는 상대를 평가하는 말, 그러니까 '훌륭하다'라는 단어가 없다고 합니다. 훌륭한 사냥꾼도, 훌륭한 선생님도 없는 겁니다.

모두가 같은 인간이라면서 1등 2등 평가로 줄을 세우는 시대입니다. 사람의 존재 그 자체로 아름다운 곳, 그곳이 진짜 우리가 꿈꾸는 인간적인 유토피아 아닐까요?

김효정 사막을 걷는 여자

대학에서 문예창작과 영화를 전공했다. 1999년 영화사에 입사하여 영화 〈무사〉를 촬영할 때 10개월간 사막에 머물렀다. 프로듀서로 데뷔한 후 〈트럭〉 〈스토리 오브 와인〉 〈저스트 키딩〉 등의 제작에 참여하다 2010년 영화사 '꿈꾸는 오아시스'를 설립했다. 2008년 11월, 세계 여성 중 세 번째로 사막 레이스 그랜드 슬램을 달성했다.

한 발자국 더

용기는 대담함에서 솟아나며, 두려움은 뒤로 한발 물러서는 것에서 시작된다.
-푸블리우스 시루스

일본 영화 〈안경〉에는 재미있는 약도가 등장합니다. 한적한 바닷가 마을에 도착한 주인공이 숙소를 찾는 약도인데요.

마을 지리에 밝은 한 사람이 아무것도 없는 길 위에 덩그러니 건물 하나를 그립니다. 그리고 아래에 이렇게 써주죠.
"불안해지는 지점부터 2킬로미터를 더 가라."

어쩐지 나 홀로 초조하기만 하다구요? 그럴 때 일단 한 발자국만 나아가보세요. 불안해지는 지점부터 2킬로미터를 더 가라는 말처럼.

짐 줄이기

자신이 지고 있는 무거운 짐을 훌훌 벗어버려라. 홀가분한 상태에서는 무슨 일이라도 할 수 있다. 그땐 이 세상 전부를 짊어질 수 있다. ―오쇼 라즈니쉬

떠나기 위해 짐을 싸다 보면 커다란 배낭도 늘 작아 보입니다. 일주일 동안 사막을 걷기 위해 최소한의 식량만 넣어도 15킬로그램….

배낭을 가볍게 싸려다 보니 어느새 최소에 최소를 추려서 꼭 필요한 것만 챙기는 습관이 배어버렸습니다.

무거운 배낭을 지고 다니면, 여행은 고행이 됩니다. 인생이 피곤해지는 건 너무 많이 껴안고 살아서가 아닐까요? 여행도, 인생도, 가벼운 배낭이 좋습니다.

믿음직한 발

방랑자는 번번이 기대가 빗나가도 여행의 수고와 고난을 견뎌낸다. —헤르만 헤세

어느 시인은 사람의 중심이 발바닥에 있다고 말합니다. 발이 가는 대로 생각하고 발길 닿는 데서 사람들과 만나고… 그 관계에서 인생 여정도 달라진다고 말이죠.

뜨거운 열기를 견디면서 사막을 걷다 보면 내 발바닥만큼 믿을 만한 게 없다는 생각을 하게 됩니다.

인생이 비틀비틀 중심 못 잡고 있을 때 내 발 믿고 떠나보세요. 괴테가 말했잖아요. "노력하는 동안 방황하게 된다"고.

주문

어떤 말을 만 번 이상 되풀이하면 반드시 미래에 그 일이 이루어진다. —인디언 격언

파울로 코엘료의 소설 《연금술사》에는 '마크툽'이라는 주문이 나옵니다. 아랍 상인이 양치기 산티아고에게 가르쳐준 말인데 '이미 예정해 있다'는 뜻이죠.

살다 보면 언젠가 꼭 운명처럼 해야 할 일이 있습니다. 제겐 사막 마라톤이 그런 일이었는데요.

하고 싶은 그 소망 하나 안고 '마크툽' 주문을 외워보세요. 그 간절한 '바람'이 스쳐가는 '바람'으로 끝나지 않을 겁니다.

풍요로운 결핍

괴로움을 남기고 간 것을 맛보라! 고난도 지나고 나면 감미롭다. -요한 볼프강 폰 괴테

아라비안나이트에 나오는 화려한 카펫이나 아랍의 시인들이 별을 많이 노래하는 걸 보면 모래사막에서 살았던 사람들의 문화는 더 감성적인 것 같습니다. 건조한 환경에서 느낀 갈증을 예술로 풀었던 거겠죠.

흔히 결핍을 상처라고 말하지만 때로 결핍은 선물일 수 있습니다. 쓰디쓴 고통 같던 사막 레이스가 마치고 난 뒤 달콤한 행복을 안겨주는 것처럼 말이죠.

강지원 변호사

1949년 서울 출생. 1978년 사법고시에 수석합격하여 2003년까지 검사로 지내며 청소년 보호위원회 초대 위원장을 맡았다. 현재는 청소년 인권 변호사로 활동하면서 한국 매니페스토실천본부 상임대표, 자살예방대책 추진위원장, 필하모니아코리아 무보수 단장을 겸하고 있다. 2007년 국민훈장 모란장을 수상했다.

지혜

지혜는 경험에서 오는 것이 아니라 경험에 대해 명상하고 그것을 자기 것으로 흡수하는 것에서 온다. -조이 엘머 모건

'나이가 곧 지혜'라는 서양 속담이 있지만 우리를 지혜롭게 하는 건 나이가 아니라고 합니다.

미국의 심리학자 후안 파스쿠알 리온은 지혜란 지식을 아우를 수 있는 통합의 능력이라고 정리하고 있습니다.

버무림의 미학, 비빔밥 정신이 주목받고 있는데요. 고루 섞어 하나로 만들 수 있어야 잘 삽니다. 그래야 인생의 깊은 맛도 느낄 수 있습니다.

통합의 말

타인을 무시한 자기 만족은 초라한 자기 위안일 뿐이다. 타인이 하는 말에 귀를 기울여라.
자신의 목소리만 듣는 사람은 매우 어리석은 사람이다. －발타자르 그라시안

영어에선 오른다는 의미로 '엘리베이터'라고 하지만 우리말에서는 오르내린다 해서 '승강기'라 부릅니다. 서양에서 빼낸다는 뜻으로 말하는 '드로어', 즉 서랍을 우리는 빼고 닫는다 해서 '빼닫이'라고 하죠.

이처럼 우리말엔 위아래, 안팎, 양쪽을 아우른 생각이 녹아 있습니다. 그런데 정작 그 말을 쓰는 우리는 "내 생각만 옳아."라며 한쪽만 바라보고 있지 않나요?

일방통행은 길에만 있어야 합니다. 쌍방통행, 사방으로 통해야 우리 생각도 사회도 건강해집니다.

행복할 권리

어리석은 사람은 멀리서 행복을 찾고, 현명한 사람은 자기 발치에서 행복을 키운다.
−제임스 오펜하임

세계의 속담 사전에 가장 많이 등장하는 단어는 '행복'입니다. 사람들의 최대 관심사가 행복이라는 얘기겠지요.

우리나라 헌법에도 적혀 있습니다. "모든 국민은 인간으로서 존엄과 가치를 가지며, 행복을 추구할 권리가 있다." 바로 행복추구권입니다.

누구에게나 행복할 권리는 똑같이 주어졌는데요. 그 권리를 얼마나 누리고 계신가요? 링컨의 이 말을 기억해두십시오. "사람은 행복하기로 마음먹은 만큼 행복하다."

하모니

아름다움은 조화요, 우아함은 곡조이나니. –후안 몬탈보

몇 년 전부터 필하모니아코리아 오케스트라의 대표를 맡고 있습니다. 소리도 모양도 다른 악기들이 어떻게 잘 어울릴 수 있는가, 단원들에게 그 비결을 물었더니 두 가지를 손꼽더군요. 각자의 악기 잘 조율하기, 그리고 다른 악기 소리 잘 듣기였습니다.

우리 사회도 다르지 않겠지요. 화음 맞추듯 마음을 맞추고 서로의 목소리에 귀 기울일 때 천상의 하모니는 탄생합니다. 함께 연주해갈 교향곡 제목은 '좋은 세상 만들기'입니다.

노래를 잘하기 위해 먼저 갖춰야 할

자세 중 하나가 잘 듣는 일인데요.

인간 음치 극복을 위해서 제일 먼저

해야 할 일도 타인의 말을 귀담아 듣는

경청 훈련일 겁니다.

 김세환 가수

1948년 출생. 1972년 가요계에 데뷔해 신인상을 받았고, 1974, 75년 TBC 방송가요대상에서 2년 연속 가수왕에 오르며 대중적 명성을 얻었다. 〈목장길 따라〉〈좋은 걸 어떡해〉〈길가에 앉아서〉 등의 감성적인 노래로 송창식, 윤형주 등과 함께 70년대 포크음악과 청년문화를 주도했다. 사진, 스키, 산악자전거를 즐긴다.

젊음의 비결

나에게는 특별한 재능이 없다. 단지 모든 것에 열심히 호기심을 가질 뿐이다.
-알베르트 아인슈타인

"젊음을 유지하라~" 진시황이나 클레오파트라의 꿈은 오늘도 영원불멸합니다. 많은 분들이 어려 보이기 위해 시간과 노력을 아끼지 않습니다.

환갑을 넘긴 제게 많은 분들이 동안 유지 비결을 물어보시는데요. 제가 세월을 잊고 사는 이유는 카메라, 등산, 스키, 자전거 등에 끊임없는 호기심을 갖기 때문입니다.

세 살 공부 여든까지 해야 합니다. 보톡스보다 강력하게 삶의 주름살을 지워줄 명약, 바로 호기심입니다.

포기 금지

포기하지 말라. 절망의 이빨에 심장을 물어뜯겨본 자만이 희망을 사냥할 자격이 있다.
-이외수

프랑스에선 월드컵 못지않게 인기를 누리는 사이클 축제, 투르 드 프랑스(Tour de France)가 열립니다.

이 대회가 낳은 세계적인 스타, 바로 미국의 랜스 암스트롱인데요. 20대 중반 말기암을 극복하고 다시 페달을 밟은 그는 7연패를 기록하면서 '금세기 최고의 인간승리'라는 찬사를 받았습니다.

지금 암스트롱은 자신의 이름을 건 재단을 세워 암환자를 돕고 있는데, 투병 중인 환자들에게 그의 이 말은 큰 치료제가 되고 있답니다.
"고통은 순간입니다. 그러나 포기한 뒤의 아픔은 평생을 갑니다."

진짜 유산

인간의 모든 지혜는 기다림과 희망이라는 두 가지 말로 요약된다. −알렉상드르 뒤마

 일제강점기였던 1920년대, 일본 선수들을 물리치며 각종 자전거 대회를 휩쓴 엄복동. 그는 한국 최초의 스포츠 스타였습니다. 국민들은 "내려다보아라 엄복동의 자전거" 노래를 부르며 나라 잃은 슬픔을 달랬습니다.

 90년 세월이 흘러 엄복동 선수의 자전거가 문화재로 등록되었는데요. 엄복동의 자전거에 실린 희망의 선율은 지금도 우리에게 말하고 있습니다.
 "달려라, 지치지 않는 이에게 반드시 새 날은 온다."

인간 음치

침묵은 예술이다. 웅변도 예술이다. 그러나 경청은 잊혀져가는 예술이다. 경청을 잘하는 사람은 매우 드물다. −키케로

'인간 음치'라고 들어보셨습니까? 일본의 심리학자 와다 히데키가 만든 신조어인데요. 타인을 배려하지 않고 자기만 아는 사람을 가리킵니다.

노래를 잘하기 위해 먼저 갖춰야 할 자세 중 하나가 잘 듣는 일인데요. 인간 음치 극복을 위해서 제일 먼저 해야 할 일도 타인의 말을 귀담아 듣는 경청 훈련입니다.

악보의 음표 살피듯, 상대의 마음 헤아리기… 아름다운 하모니는 거기서부터 출발합니다.

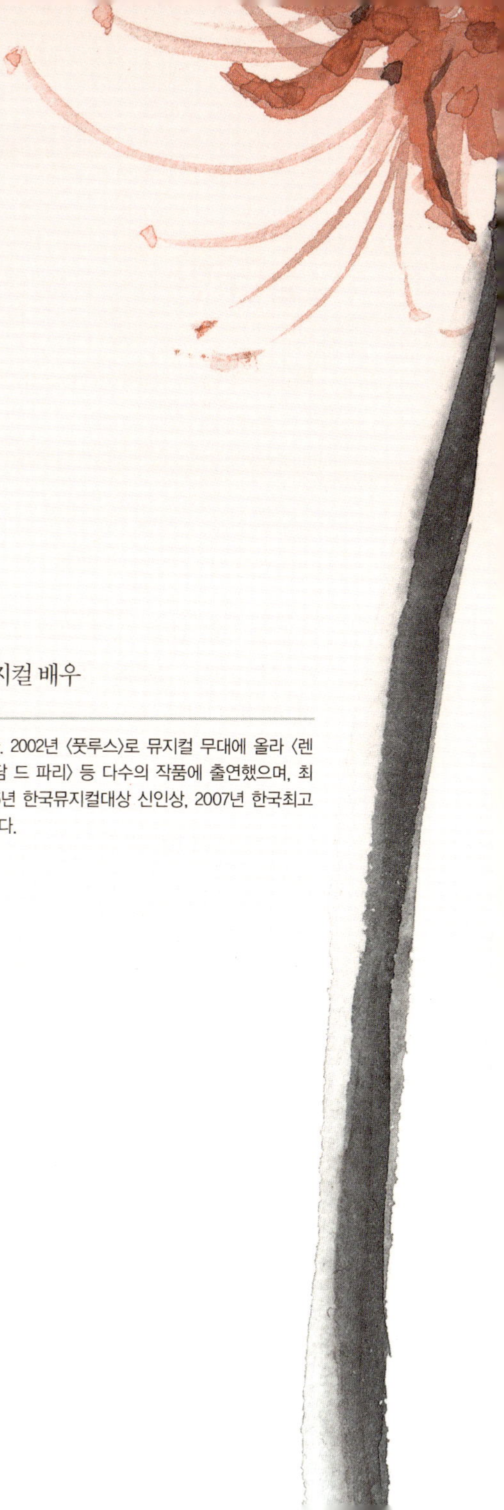

김수용 뮤지컬 배우

1976년 출생. 1983년 드라마 〈간난이〉로 데뷔했다. 2002년 〈풋루스〉로 뮤지컬 무대에 올라 〈렌트〉 〈뱃보이〉 〈헤드윅〉 〈해어화〉 〈햄릿〉 〈노트르담 드 파리〉 등 다수의 작품에 출연했으며, 최근에는 〈남한산성〉의 주연으로 맹활약했다. 2005년 한국뮤지컬대상 신인상, 2007년 한국최고인기연예대상 뮤지컬 부문 남우주연상을 수상했다.

조금만

사람들은 대개 성공 직전에 와 있다는 사실을 모른 채 가던 길을 포기함으로써 실패자가 되고 만다. －토머스 에디슨

초등학교 입학 전, 드라마 〈간난이〉에 출연했던 제게 아역배우란 이미지는 걸림돌이었습니다. 오디션마다 떨어지면서 슬럼프에 빠졌고 결국 배우를 포기하려 했는데요.

그때 어머니가 이 말씀을 하시더군요.
"그만두려 할 때가 목표점에 가장 가까이 갔을 때다. 조금만 더 가보렴."

주저앉고 싶을 때 '조금만' 힘을 내보세요. '조금만' 더 가면 '백만 천만' 고지가 눈앞에 있을 겁니다.

정성

모든 인간의 일은 그 안에 어떤 이상을 품어야 한다. 즉 영혼을 담아야 한다.
–토머스 칼라일

"이까짓 농담쯤이야." 가볍게 던진 말에 친구가 버럭 화를 낼 때가 있습니다. "이 정도는 식은 죽 먹기지…" 하면서 습관처럼 무대에 오르면 어딘가에서 꼭 실수를 하고 맙니다. "세상에 쉽게 볼 게 없구나…" 매 순간 깨닫게 됩니다.

그래서 전 늘 처음 만났을 때처럼, 처음 시작할 때처럼 정성을 다하자… 마음 깊이 '정성'이란 두 글자를 새기고 다닙니다.

지성이면 감천이요, 정성이면 언제나 감동입니다.

나의 스토리

현재의 순간을 붙잡아라. 그리고 할 수 있는 것, 꿈꿔왔던 것을 시작하라. 일단 시작하면 언젠가는 완성될 것이다. −요한 볼프강 폰 괴테

"인생은 15분 늦게 들어간 극장 같은 것이다."
시인 로맹 롤랑의 말입니다.

15분 늦어 놓친 장면에 뭔가 결정적인 의미가 있지 않을까 미련을 갖다간 영화의 흐름을 놓치게 되죠. 인생도 비슷한 것 같습니다. 지나간 시간에 매여 있다가는 현재에 충실하지 못하게 되니까요.

시간은 걸릴지라도 중요한 건 나만의 스토리를 창조하는 거겠죠. 조금 느릴 수는 있어도 늦은 인생이란 없는 거니까요.

행복한 비행

자신의 일을 사랑하고 그것이 중요하다고 느끼는 것, 그 외에 다른 어떤 것이 이보다 더 즐거울 수 있겠는가. –캐서린 그레이엄

일하면서 가장 짜릿할 때가 언제인가 물어보면, 화가들은 붓을 놓고 약관을 찍을 때라고 합니다. 신문기자들은 막 인쇄된 신문 냄새를 맡을 때라고 하구요. 저 같은 배우들은 막을 내리기 전 관객들의 환호를 받을 때가 그렇죠.

아슬아슬 쓰러질 것 같다가도 순간, 번쩍 일으켜 세우는 이 정체불명의 현상을 어떤 분은 '행복한 비행'이라고 부르더군요.

여러분은 어떠세요? 나를 훨훨 날게 하는 그 '날개'를 갖고 계십니까?

한 사람 마음을 얻었다,

마음 놓고 계신가요? 안심은 금물입니다.

얻는 건 어려워도 잃는 건 순식간,

애프터서비스도 어려운 게

사람 마음이니까요.

김어준 칼럼니스트

1968년 경남 진해 출생. 1998년 대한민국 최초의 인터넷 매체 〈딴지일보〉를 설립, 종신 총수로 활동 중이다. 〈한겨레21〉 '쾌도난담', CBS 〈김어준의 저공비행〉, 〈시사자키〉, SBS 〈김어준의 뉴스엔조이〉 등을 통해 거침없는 언변과 예리한 시각으로 주목 받았다. 현재 하니TV '김어준의 뉴욕타임스'를 진행하고 있으며, 저서로 《건투를 빈다》 등이 있다.

행복 지도

행복한가 그렇지 못한가는 결국 우리들 자신에게 달려 있다. -아리스토텔레스

물건 파는 사람들은 행복을 판다고 합니다. 사회학자들은 객관적으로 행복을 측정합니다. 그런데 이상합니다. 모두 행복을 이야기하는데 "나는 행복합니다"라고 자신있게 말하는 이는 드뭅니다.

다른 건 몰라도 행복에 관해 이것만은 분명히 말할 수 있습니다.
"행복은 파는 것도 아니고 측정해줄 수 있는 것도 아니다.
행복은 밖이 아니라 안에서, 남의 기준이 아니라 자기 잣대로 찾아야 한다!"

자기 빛깔

다양성은 면역성이며 면역성은 생명성이다. −찰스 다윈

"돈이냐, 사랑이냐?" 저에게 상담해오는 주제는 비슷하지만 사람들 속사정은 하나같이 다릅니다. 그런데 요즘은 다들 비슷하게 살려고 합니다. 남들은 어떻게 하는지를 끊임없이 두리번거립니다. 나만 뒤쳐질까봐 무서워서죠.

달라서 괴롭지만 달라서 즐거운 게 사람살이 아닙니까?
다르게 삽시다. 달라야 존재감이 드러납니다.

득심술

아무리 많은 곳을 여행했더라도 인간의 마음을 볼 수 없었다면 이 세상을 다 알지 못한 것이다. -도널드 C. 피티

"여자들의 속마음을 읽으면 얼마나 좋을까?"

멜 깁슨 주연의 영화 〈왓 위민 원트〉에서 주인공은 이 간절한 소원을 이룹니다.

여자 마음 읽기에 성공한 그는 일에서도 성공하지만 곧 깨닫게 되죠. 마음 읽기, 독심술보다 중요한 건 마음을 얻는, 득심술이란 것을요.

한 사람 마음을 얻었다, 마음 놓고 계신가요? 안심은 금물입니다. 얻는 건 어려워도 잃는 건 순식간, 애프터서비스도 어려운 게 사람 마음이니까요.

불완전한 100퍼센트

2퍼센트의 부족함은 호감의 원천이 된다. -찰스 디킨스

아파트 모델 하우스는 완벽하게 정리돼 있지만 완전하지 못합니다.
사람이 없어서입니다.

누구나 완벽한 관계를 원하고, 그래서 이런 저런 조건을 따지게 됩니다. 모델하우스의 이런 저런 가구를 채워 고르듯이 말이죠.

조건을 아무리 맞춰도 조건만으로는 행복해지지 않습니다. 우리 삶을 완성시키는 건 불완전한 사람입니다.

김영희 닥종이 인형 작가

1944년 황해 해주 출생. 대학에서 회화와 조각을 전공했다. 1981년 열네 살 연하 독일 청년과 결혼해 독일 뮌헨으로 이주, 그곳에서 닥종이 조형 작가로 활발한 작품 활동을 하고 있다. 유럽 각지에서 70여 차례의 개인전과 그룹전, 퍼포먼스를 가졌고, 국내에서도 꾸준히 전시회를 열어 관객과 만나고 있다. 《아이를 잘 만드는 여자》를 비롯해 다수의 책을 펴냈다.

부드러운 곡선

사람의 손이 빚어낸 문명은 직선이다. 그러나 본래 자연은 곡선이다. 인생의 길도 곡선이다. -법정

한옥의 처마, 버선코, 항아리… 정겨운 것들은 하나같이 둥급니다. 얼굴, 어깨, 입술… 정다운 생김새는 모두 둥글둥글합니다.

세계인들이 우리 전통에 감탄하고 제 인형을 보고 좋아하는 이유는 이 곡선에 있는데요.

혹시 직진만 하고 있는 직선 인생은 아니신가요?
직선은 외롭습니다. 둥글어야 많은 사람과 만날 수 있고 둥글어야 깨지지 않습니다.

후회 없는 인생

꿈을 밀고나가는 힘은 이성이 아니라 희망이며, 두뇌가 아니라 심장이다.
-표도르 도스토옙스키

인형 만들고, 사진 찍고, 소설 쓰고, 그림 그리고… 환갑이 넘어 여러 분야를 오가는 저를 보고 많은 분들이 어떻게 그 일을 다 하냐 궁금해 하시는데요.

그럴 때 전 대답하죠. 하고 싶은 걸 참으면 병이 난다고. 나이 들어 기억력이 쇠퇴해간다고 꿈까지 잊을 순 없겠죠.

하고 싶은 일이 있다면 참지 마세요. 해서 후회하기보다 안 해서 후회하는 일이 더 많은 인생 아닙니까?

인생의 다초점 렌즈

삶을 즐기려면 느려져야 한다. 느림은 삶의 매 순간을 제대로 느끼기 위한 적극적인 선택이다. —피에르 상소

    어느 순간 명함을 받아 쥐면 멀리 놓고 봐야 할 때가 옵니다. 노화 현상 중 하나가 노안인데요. 나이 불문하고 찾아오는 노안도 있죠. 눈앞에 있는 행복도 보지 못하는 마음의 근시입니다.

    몸의 노안은 거리 조절이 되는 다초점 렌즈를 끼면 해결되는데요. 침침해진 마음의 눈은 어떤 안경을 껴야 할까요?

    인생의 다초점 렌즈는 없습니다. 조금만 느긋해지기, 영혼의 눈을 밝혀주는 최고의 처방전입니다.

감사와 찬사

친절한 말은 간단하고 짧은 말일 수 있어도, 그 메아리는 진정 끝없는 것이다. −테레사 수녀

〈인연〉이란 수필로 유명한 피천득 선생이 생전에 입버릇처럼 하신 말씀, "고맙다, 고맙다"였답니다. 지리산에 사는 한 시인이 주변의 나무와 새들에게 매일 건네는 칭찬, "예쁘다, 예쁘다"랍니다.

섭섭하단 말을 자주 하면 나이 든 증거라면서요?
섭섭하다를 '고맙다' '예쁘다'로 바꿔보세요. 감사와 찬사는 우리 삶을 활기차게 하는 보약입니다.

제아무리 날고 기는 최첨단의 내비게이션도

찾을 수 없는 목적지, 행복. 그걸 찾아

멀리 '발품' 팔 필요 있겠습니까?

우리는 이미 '품' 안에 내가 그린 행복의 지도를

품고 있지 않나요?

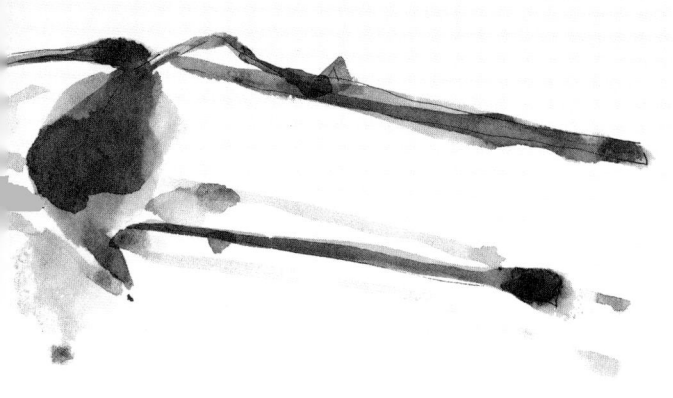

 **노홍철** 방송인

1979년 서울 출생. 2004년 Mnet의 VJ로 방송계에 데뷔하여 각종 쇼오락 프로그램의 패널 및 MC로 활약해왔다. 방송 데뷔 전부터 괴짜 청년사업가로 '닥터노의 성격 클리닉' '꿈과 모험의 홍철동산' '홍철투어' 등을 운영했다. 현재 MBC TV 〈무한도전〉 멤버, MBC FM 〈노홍철의 친한친구〉 DJ 등으로 활동하고 있다.

살 맛 나는 바람

기분 전환은 많이 되면서 비용은 적게 드는 즐거움을 골라라. ―리처드 풀러

우리나라에 많은 팬을 두고 있는 일본 소설가, 무라카미 하루키. 그가 소설을 쓰기로 마음먹은 건 야구장에서였답니다.

응원하던 팀의 선수가 2루타를 친 순간! '그래, 소설을 쓰는 거야.' 바람처럼 스치는 생각에 그날부터 글을 썼다고 하죠.

실없이 웃는 사람을 두고 허파에 바람 들었다고 말하는데요. 가끔 허파든 머리든 가슴이든 바람을 불어넣는 일이 필요합니다. 바람 든 무는 푸석푸석 맛이 없지만 우리 몸과 마음은 바람 들수록 '살 맛'이 나거든요.

중력 피에로

즐거움은 자연의 시험이자 승인의 신호다. 행복한 사람은 자기 자신과는 물론 자신을 둘러싼 환경과도 조화롭다. ―오스카 와일드

대학교 3학년 때, 제가 처음 시작한 사업이 '닥터노의 성격 클리닉'입니다. 전화로 고민 상담을 하면서 나름 느낀 건 누구나 감당할 무게가 있다는 거였습니다.

그런데 별수 있나요. 지구에 발붙이고 살려면 중력을 벗어날 수 없듯 그 무게를 다 껴안고 사는 거죠. 삶이 버거울 때 "까짓것, 어디 한번 덤벼봐라." 가뿐히 치고 나가보세요.

일본 영화 〈중력 피에로〉엔 이런 말이 나옵니다.
"인생을 즐겁게 사는 사람에게는 지구의 중력이 작용하지 못한다."

생존의 원리

지혜의 가장 명백한 징조는 쉴 새 없이 명랑한 것이다. —미셸 몽테뉴

《톰소여의 모험》의 주인공 톰. 거짓말을 한 벌로 울타리에 페인트칠 하는 그를 보고 친구가 쯧쯧 불쌍하다 하자 톰은 명랑한 목소리로 말합니다.

"이게 얼마나 재미있는데!"

결국 페인트칠을 재밌는 놀이로 착각한 친구는 톰 대신 페인트칠을 자처하죠.

적자생존이라 하여, "환경에 잘 적응한 자가 살아남는다."고 하는데요. 말썽쟁이 악동 톰은 우리에게 또 다른 생존의 원리를 알려줍니다.

"재밌게 사는 사람이 진짜 인생을 산다."

물끄러미 치료법

한가로운 시간은 무엇과도 바꿀 수 없는 재산이다. —소크라테스

생각을 끊고 멍하니 있어보라! 정신과 의사들이 제안하는 스트레스 탈출법입니다. 아무 생각 없이 초점 없이 있다 보면 머릿속 복잡한 생각이 청소가 되면서 뇌가 숨 쉬게 된다는 얘기입니다.

그래서 잡념이 많은 사람들에게 멍하니 한 곳을 보는 '물끄러미 치료법'을 쓴다고 하죠.

"눈 똑바로 뜨고 살아!" 하는데요. 두 눈 부릅떠야 잘 보이는 건 아닙니다. 모름지기 제대로 보려면, 물.끄.러.미. 눈에 힘을 빼야 합니다.

최효종 개그맨

1986년 출생. 2007년 KBS 22기 공채 개그맨으로 입사했다. KBS 2TV 〈개그콘서트〉에 출연하고 있으며, '지역광고' '독한것들' '남성인권보장위원회' '최효종의 눈' '봉숭아 학당' 등의 코너에서 다양한 캐릭터를 선보이며 웃음을 주고 있다.

변화의 피라미드

사람들은 누구나 한 번쯤 세상을 바꾸고 싶어 한다. 그러나 아무도 자신을 바꾸려 하지 않는다. -레프 톨스토이

"이 세상을 바꾸려면 바로 오늘부터 너희가 먼저 시작하면 된다."
영화 〈아름다운 세상을 위하여〉에서 선생님이 아이들에게 숙제를 내주면서 칠판에 쓴 글입니다.

웃으며 먼저 인사하기, 엘리베이터 조금 기다려주기, 종이 아껴 쓰기…. 많은 사람들이 '나 하나쯤이야'라고 생각하는 사소한 일인데요. 그 작은 습관 하나 바꾸기가 얼마나 어렵던가요?

이집트의 피라미드는 많은 돌들을 아래부터 쌓아올렸지만 변화의 피라미드는, 위에서 시작합니다. 그 출발점은 바로 '나부터'라는 그 마음 하나입니다.

행복에 이르는 길

나는 돈도, 재능도, 희망도 없다. 그렇지만 나는 세상에서 가장 행복한 사람이다.
—헨리 밀러

 지상에서 가장 행복한 나라는 어딜까? 전쟁 지역만 취재 다녔던 미국의 기자 에릭 와이너는 불행한 현장에서 벗어나 자기만의 행복 탐구에 나섭니다.

 1년간 부탄, 몰디브 등등 낙원이라 점찍은 열 개의 경유지들을 돌아본 결과 그는 결론 내리죠.
 "행복한 나라는 없다. 행복에 이르는 길은 하나가 아니다."

 제아무리 날고 기는 최첨단의 내비게이션도 찾을 수 없는 목적지, 행복. 그걸 찾아 멀리 '발품' 팔 필요 있겠습니까? 우리는 이미 '품' 안에 내가 그린 행복의 지도를 품고 있지 않나요?

관찰력

단지 지켜보기만 해도 많은 것을 관찰할 수 있다. -요기 베라

40여 년간 섬진강 작은 초등학교에서 아이들을 가르쳤던 시인 김용택 선생님. 학기 초면 선생님은 꼬마 제자들에게 독특한 과제 하나를 내줬습니다.

그냥 바라보기였죠. 연필을, 공책을, 의자를… 30분 동안 정성껏 바라보면서 떠오르는 생각들을 공책에 적는 일이었습니다.

작고 사소한 것을 꼼꼼하게 관찰하기. 그건 개그맨인 저도 아이디어를 찾을 때 쓰는 방법인데요. 세심하게 살펴야 한 줄 시도, 반짝이는 아이디어도 나옵니다.

관찰력은 세상을 바꾸는 힘, 무궁무진한 에너지입니다.

간지럼

내가 사랑하는 사람들에게는 공통점이 있다. 그들은 나를 웃게 만든다. —위스턴 휴 오든

다큐멘터리 〈아마존의 눈물〉로 유명인사가 된 아마존의 조에 족은 화난 사람의 마음을 풀 비법을 갖고 있습니다.

대대로 전해오는 이 강력한 비방은 '간지럼'이죠. 마음의 문을 걸어잠근 사람에게 부족 사람들은 우르르 몰려가 굳은 표정에 피식 웃음이 지나갈 때까지 간지럼을 태운답니다.

사람은 혼자 있을 때보다 함께 있을 때 30배쯤 더 웃는다고 하죠. 그러고 보면 간지럼이나 웃음, 모두 누군가를 필요로 하는 셈인데요. 그래서 한 어르신이 이런 말씀을 하셨나 봐요.
"혼자만 잘 살믄 무슨 재민겨?"

길…

여행을 떠나야만

만날 수 있는 게 아닙니다.

웃으며 '눈길' 나눌 때

우리 눈앞엔 보이지 않던

'마음의 길'이 열립니다.

이상은 가수

1970년 출생. 1988년 MBC 〈강변가요제〉에서 대상을 받으며 가요계에 데뷔, 이후 두 장의 앨범을 내며 가수로 활동하다 1990년 홀연 일본 유학을 떠났다. 이후 뉴욕과 런던에서 미술을 공부했고, 한국과 일본을 오가며 자신만의 음악 세계를 그려나가고 있다. 2010년 3월 열네 번째 정규앨범을 발매했으며, 저서로 《삶은 여행…》《뉴욕에서》 등이 있다.

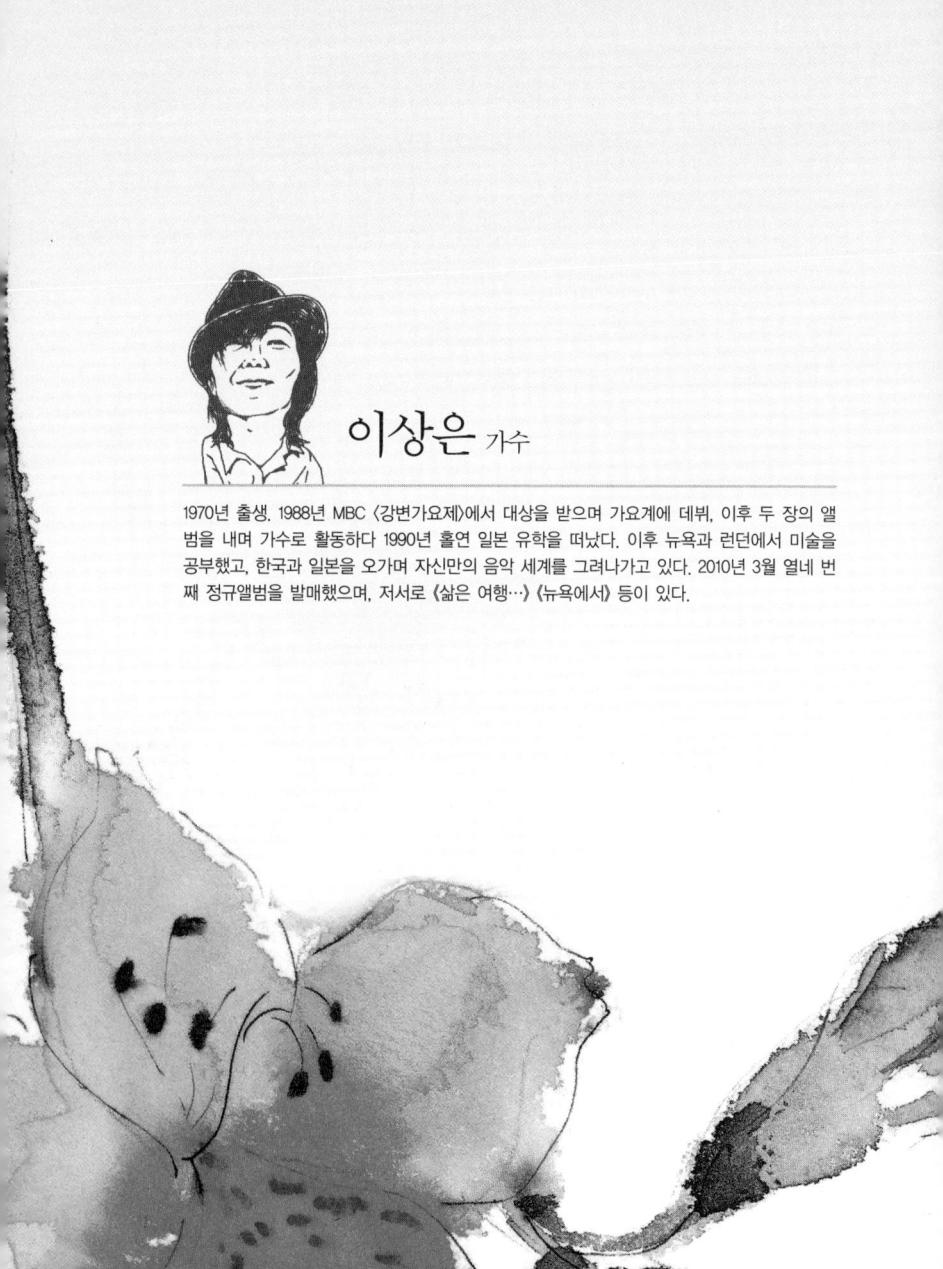

맞장구

누군가 공감해주는 것보다 더 달콤한 일은 없다 −조지 산타야나

감동을 받았을 때 흔히 '심금을 울린다'고 표현합니다. 심금이란 마음의 거문고란 말인데요. 우리 마음속 어디에 악기가 들어 있다는 걸까요?

시간을 거슬러가 보면 최초의 악기는 사람의 몸일 겁니다. 손바닥 치면서 타악기가 나왔고 휘파람 불면서 관악기가 만들어졌을 테니 우리 몸과 마음이 그대로 악기인 셈이지요.

제가 가장 즐겨 쓰고 좋아하는 악기는 장구입니다. "아! 그거." "네 말이 맞아." 덩더쿵 쿵덕~ 서로에게 힘이 돼주는 기분 좋은 울림, 이름 하여 '맞장구'입니다.

놀이의 힘

잘 노는 사람이 일을 즐길 수 있고, 잘 웃는 사람에게 웃을 일이 더 많이 생긴다.
-더글러스 밀러

어느 시인은 나를 키운 게 8할이 바람이라 했지만 오늘날 이상은을 키운 건 8할이 놀이입니다.

"어린이는 어린이다워야 한다"며 아버지께선 나가 놀라 하셨죠. 해질 때까지 골목에서 고무줄놀이, 실뜨기, 얼음땡놀이, 공기놀이 하면서 전 인생을 배웠습니다.

인도에 여행을 가보면 불교나 힌두교 사원 바닥에 사방치기 비슷한 금들이 그어 있는 걸 볼 수 있는데요. 이거 하나만큼은 동서고금을 떠난 진리 같습니다.
"아이건 어른이건 잘 놀아야 마음에 평화가 온다."

최고 전성기

과거에 대해 생각하지 말라. 미래에 대해 생각하지 말라. 단지 현재에 살라. 그러면 모든 과거도 모든 미래도 그대의 것이 될 것이니. -오쇼 라즈니쉬

　법정 스님이 머리맡에 두고 읽었다는 책《월든》. 이 책의 저자 헨리 데이비드 소로는 산골짜기 호숫가에 살면서 깨달은 행복한 인생살이를 이렇게 말합니다.
"계절이 지나가는 대로 그 계절 속에 살라."

　하지만 우리는 여름이면 겨울을 겨울이면 여름을 그리워하고, 어릴 때는 어른이 되고 싶고 어른이 되면 그때가 좋았지 하며 시계바늘을 되돌리고 싶어 합니다.

　사계절 어느 때고 좋지 않은 계절은 없겠죠? 바로 지금을 즐기는 그대~ 당신은 하루하루를 '최고 전성기'로 살 수 있습니다.

눈길 마음길

웃는 모습을 지켜보는 것만으로도 그 사람에 대해 많은 것을 알 수 있다. 잘 웃는 사람이 선한 사람이다. −표도르 도스토옙스키

공중전화 부스에 천 원 한 장을 놓고 자리를 떠났던 한 사람이 잠시 후 사람들에게 돈의 행방을 물었습니다. "혹시 천 원짜리 못 보셨어요?" 열 명 중 여섯 사람이 돈을 내줬습니다.

그 다음, 이번엔 눈을 보고 웃으며 물었습니다. 그러자 96퍼센트, 거의 대부분이 여기 있다며 돈을 주었다죠. 냅이라는 심리학자가 직접 실험한 내용입니다.

길… 여행을 떠나야만 만날 수 있는 게 아닙니다. 웃으며 '눈길' 나눌 때 우리 눈앞엔 보이지 않던 '마음의 길'이 열립니다.

# 바비킴 가수

1973년 서울 출생. 1994년 그룹 '닥터레게'로 데뷔하여 1998년 솔로 활동을 시작했으며, 2001년 힙합 그룹 '부가킹즈'를 결성했다. 2004년 솔로 1집이 히트하면서 본격적으로 대중의 관심을 얻었고, 〈하얀거탑〉〈마왕〉〈쩐의 전쟁〉〈즐거운 나의 집〉 등 다수의 드라마 OST에 참여했다. 2010년 4월, 세 번째 정규 앨범이 나왔다.

무명과 유명

인생의 무지개를 보기 위해서는 우선 비를 견뎌야 한다. −랜스 암스트롱

이 세상 누구나 이름을 갖고 있는데요. 이름이 사라져버리는 때가 있습니다. 무명시절입니다.

저는 가수로 데뷔해 10여 년 이름 없이 무명시절을 지내왔습니다. 이상한 것이, 왜 무명시절은 있는데 유명시절은 없는 걸까요?

인생에서 진짜 필요한 시간은 무명시절입니다. 왜 세상이 날 알아주지 않나, 애태우지 마세요. 이름값을 위해 노력하고만 산다면, 당신 인생은 영원히 전성시대입니다.

사랑 근육

미래의 사랑이란 있을 수 없다. 사랑은 오직 현재의 활동일 뿐이다. 지금 사랑을 표현하지 않는 사람은 사랑을 갖고 있지 않은 사람이다. —레프 톨스토이

"성숙한 사랑은… 필요하기 때문에 사랑하는 게 아니라 사랑하기 때문에 그대가 필요하다고 말한다."
《사랑의 기술》이란 책에 나오는 말입니다.

기술은 그냥 손재주가 아니죠. 오랜 시간 반복 연습해서 단련해 나가는 겁니다. 기술을 손에 익히듯, 운동해 몸을 만들듯, 사랑에도 훈련이 필요합니다.

사랑 근육을 위해 매일 연습할 종목, 기억해두세요.
'있을 때 잘하기. 내 곁에 있는 사람 소중히 여기기.'

소원

오랫동안 꿈을 그리는 사람은 그 꿈을 닮아간다. -앙드레 말로

별똥별이 떨어질 때 소원을 빌면 이뤄진다고 하는데요. 막상 별똥별을 보던 순간, 당황했습니다. 내 소원이 뭔가 생각하는 사이에 별똥별이 사라져버렸으니까요.

"네 소원이 뭐냐?"
누군가 묻는다면 곧바로 대답할 자신이 있으신가요?

평소 가방이나 수첩을 정리하는 만큼 꿈도 정리해야 합니다. 마음속 가지런히 정리해 품고 있는 소망은, 그것만으로 삶을 비춰주는 별빛이 됩니다.

시간 통장

시간을 얻는 사람은 만사를 얻는다. -벤저민 디즈레일리

한 시인은 살면서 통장의 돈처럼 시간 통장의 잔금도 신경 쓰라고 말합니다. 하루 24시간 가운데 날 위해서 얼마나 시간을 쓰고 있나 보란 얘깁니다.

집 한 채 사기 위해 24시간 뛰어다니지만 그 집에서 편안히 지낼 시간이 없다면 행복하다고 할 수 없겠죠.

지금 여러분의 시간 통장을 한번 살펴보세요. 내가 숨 한 번 돌리고 사는 부자인지, 바쁘다면서 한숨만 쉬고 사는 가난한 사람인지….

불꽃같은 인생

우리는 언제나 자기 자신을 행복의 창조자가 아닌 행복의 보고로 여기고, 행복을 추구하고
또한 행복을 인정해야 한다. -앙리 프레데리크 아미엘

행복을 연구하는 학자들에 따르면 사람은 누구나 행복해지는 데 필요한 99퍼센트의 요소를 갖고 태어난다고 합니다. 나머지 1퍼센트는 노력해 채워가는 것이구요.

돋보기가 종이에 구멍을 내서 불꽃을 피워올리는 건 한 줄기 햇빛에서 시작되는 것 아닌가요?

1퍼센트 아니 0.1퍼센트라도 좋습니다. 행복의 지푸라기라도 잡겠다~ 그 마음만 있으면 우리 삶엔 언제나 불꽃같은 태양이 떠오릅니다.

신달자 시인

1943년 경남 거창 출생. 1972년 박목월 시인 추천으로 《현대문학》에 시를 게재하면서 본격적인 창작활동을 시작했다. 평택대 국문과 교수, 명지전문대 문예창작과 교수를 지냈고, 대한민국문학상, 한국시인협회상, 영랑시문학상 등을 수상했다. 시집 《봉헌문자》《오래 말하는 사이》, 장편소설 《물위를 걷는 여자》, 수필집 《백치애인》 등을 펴냈다.

미안해 고마워 사랑해

우리의 언어는 세상에서 가장 아름다운 소리 가운데 하나다. 특히 사랑한다는 말이 그렇다. -브라이언 루크 시워드

시의 재료는 스물네 개의 자음과 모음입니다. 음악의 재료는 음표와 쉼표구요. 예술은 이 간단한 재료를 어떻게 조합하느냐에 달려 있는데요.

우리 인생을 예술로 만들기 위한 재료도 간단하죠. 바로 세 가지, '미안해, 고마워, 사랑해'입니다.

"미안해, 고마워, 사랑해." 자꾸 연습해보세요. 조각났던 인생도, 뒤틀렸던 관계도 근사한 예술품이 됩니다.

짐은 힘

고난은 잠자던 용기와 지혜를 깨운다. 고난은 우리에게 없던 용기와 지혜를 창조해내기도 한다. 우리는 오직 고난을 통해 정신적 영적으로 성숙할 수 있다. ―스콧 펙

 뇌졸중으로 쓰러진 남편을 24년간 병수발했습니다. 시어머니마저 다쳐 누우셨고, 홀로 세 딸을 키워야 했죠.

 가족들은 제게 한때 무거운 짐처럼 느껴졌습니다. 하지만 돌이켜보니 그건 짐이 아니라 힘이었습니다.

 책임질 일과 사람들이 무거운 짐 같은가요? 한번 뒤돌아보세요. 그 짐이 날 살게 하는 힘, 내 인생을 지탱해주는 무게중심일 수도 있습니다.

화해

나는 아무리 사소한 갈등이라 하더라도 갈등이 빚어졌을 때는 반드시 화해하고 해소하기 위해 최선의 노력을 다할 것이다. —틱낫한

세계적인 세균학자 파스퇴르는 사람들과 악수하기를 꺼려했다고 합니다. 많이 아는 게 병이 되고 걸림돌이 된 셈이죠.

우리는 알아야 이해할 수 있고, 이해해야 화해할 수 있다고 여기지만 그 반대도 가능합니다. 화해한 뒤에 비로소 이해할 수도 있죠.

주먹 쥔 손을 펴서 화해의 악수를 청해보세요. 그 손길이 우리 마음이 가야 할 길을 안내해줄 겁니다.

영혼의 포만감

휴식이란 지금 이 순간이 그 어떤 기대나 요구보다도 충만함을 의미한다. −오쇼 라즈니쉬

먹어도 먹어도 헛헛할 때가 있습니다. 한 정신과 의사는 이 배고픈 증상을 유령 위장 때문이라 진단하죠. 유령 위장은 외롭거나, 불안할 때 우리 몸에 배고프다는 신호를 보냅니다.

허기를 달랠 수 있는 건 음식이 아니라 삶을 음미할 여유라고 합니다. 스트레스는 버리고 가족들과 시간을 나누세요. 우리 영혼은 비우고 나눌수록 배부르다고 기뻐합니다.

바람도 틈이 있어야 불어오고,

음악도 쉼표 덕에 리듬이 생깁니다.

적당히 떨어져 내 마음의 실루엣을 살펴보기!

우리에게 필요한

인생 관찰법입니다.

윤종신 가수

1969년 출생. 1990년대를 대표한 발라드 가수로 지금까지 11장의 정규앨범을 발매했으며, 여러 가수들의 음반에 참여해 많은 히트곡을 만들어냈다. 2010년 3월 '월간 윤종신' 프로젝트를 시작해 다달이 신곡을 선보이고 있다. 쇼오락 프로그램의 MC로도 두각을 나타내 현재 〈황금어장〉 〈밤샘 버라이어티 야행성〉에 출연 중이며, 〈슈퍼스타K 2〉 심사위원을 지냈다.

잘 보는 법

여가 시간이 사라지는 것 같으면 조심하라. 영혼도 따라서 사라질지도 모르니까.
-로건 P. 스미스

"잘 들여다보세요."라고 하면 서양인들은 돋보기를 가져온답니다. 가까이 다가가서 관찰하고 분석하기 위해서입니다. 동양인들은 좀 다릅니다. 그저 다만 한발 물러선다고 하네요.

바람도 틈이 있어야 불어오고, 음악도 쉼표 덕에 리듬이 생깁니다. 적당히 떨어져 내 마음의 실루엣을 살펴보기! 우리에게 필요한 인생 관찰법입니다.

숨은 나 찾기

영웅적인 모험 여행, 그 목적지는 바로 당신 자신이다. 당신 자신을 발견하는 것이다.
-조지프 캠벨

20년 전 발라드 가수로 데뷔할 때는 몰랐습니다. 제가 예능프로그램에 나와 입담을 자랑하게 될 줄 말이죠.

불과 5년 전 노총각일 때는 몰랐습니다. 제가 어엿한 가장으로, 아이들 아빠 역할을 잘 할 수 있을지 말입니다.

숨은그림찾기보다 재미있는 게 숨어 있는 내 모습 찾기입니다. 가만히 들여다보세요. 지금 또 내 속에선 나도 모르는 또 다른 내가 변신하고 있을 테니까요.

순수의 유효기간

그 누구도, 어떤 힘으로도 추억을 지울 수는 없다. —프랭클린 루스벨트

노벨문학상 수상 작가 오르한 파무크의 소설 《순수 박물관》에는 한 여자와의 사랑을 기념해 박물관을 여는 주인공이 나옵니다. 평범한 그릇이나 인형을 그가 애지중지한 이유는 단 하나, 연인의 손끝이 한 번 스쳤기 때문이죠.

지금 곁에 있는 사람과 처음 만났던, 그때의 짜릿하고 소중한 추억들을 어디에 보관하고 계신가요? 혹시 유효기간 지났다고 폐기 처분해버린 건 아니겠죠?

마음은 중계방송 중

우리는 사람을 바라보는 것은 물론 그들의 속을 들여다봐야 한다. −필립 체스터필드

"생일 한 번쯤은 잊을 수 있지."
목소리는 담담하지만 표정은 말하고 있습니다.
"나 정말 서운하거든."

"바쁜데 들어가."
뒤돌아서지만 뒷모습은 외치고 있죠.
"좀 더 있으면 안 돼?"

몸짓과 손짓은 언제나 마음속을 생방송으로 중계 중입니다. 귀찮다고 안테나 내려놓고 모른 척하지 마세요. 때를 놓치고 후회하는 사람들 제가 여럿 봤거든요.

 이동우 개그맨

1970년 출생. 1993년 SBS 공채 2기 개그맨으로 개그맨 가수 그룹 '틴틴파이브'로 활동하며 1990년대 최고의 인기를 누렸다. 2003년 망막색소변성증이라는 희귀병 진단을 받고 투병 중이며, 2010년 10월 투병기록을 담은 에세이 《5%의 기적》을 펴냈다. 2010년 11월 막을 올린 연극 〈오픈 유어 아이즈〉에 출연해 시력을 상실한 주인공 역을 연기했다.

소리는 운명

웃어라, 그러면 세상도 그대와 함께 웃으리라. 울어라, 그러면 그대 홀로 울리라.
-엘라 휠러 윌콕스

시력이 나빠지고서야 비로소 제가 알게 된 것이 있습니다. 새나 나뭇잎, 자동차… 세상의 모든 것들은 소리를 낸다는 사실입니다.

사람들도 저마다 소리를 냅니다. 우는 소리, 웃는 소리, 앓는 소리, 노랫소리….

한 사람의 입에서 나는 소리는 그 사람의 운명을 좌지우지한다고 하는데요.
어떠세요? 여러분 입은 지금 어떤 소리를 내고 있나요?

생계형과 생활형

적당하게 일하고 좀 더 느긋하게 쉬어라. 현명한 사람은 느긋하게 인생을 보냄으로써 진정한 행복을 누릴 줄 안다. -발타자르 그라시안

사람은 크게 두 가지로 나눌 수 있습니다. 생계형 인간과 생활형 인간입니다. 생계형 인간은 일에 모든 걸 걸고, 거기서 존재의 이유를 찾습니다. 하지만 생활형 인간은 일보다 삶의 질을 우선하고 여유와 낭만을 찾죠.

밥만 먹고 사는 생계형, 밥도 먹고 사는 생활형. 여러분은 둘 중 누구와 밥을 먹고 싶으세요? 누가 뭐라 해도 생활형 아닐까요?

미소

이 세상의 기쁨은 완전한 것이 아니다. 기쁨에는 고통의 맛이 섞이고 벌꿀에는 땀이 섞여서 조리되는 것이다. −게오르그 롤렌하겐

　행복을 연구하는 학자들이 그림 〈모나리자〉의 미소를 컴퓨터로 분석했습니다. 그 결과 모나리자의 얼굴엔 행복한 감정이 83퍼센트, 나머지엔 두려움과 분노가 섞여 있었답니다.

　우리는 완전한 행복을 바라지만 행복은 순도 100퍼센트가 아닐지 모릅니다. 불안과 불행의 조각들이 섞여 있는 인생 바구니에서 행복을 찾아낼 줄 아는 사람, 그 사람의 미소야말로 정말 매력적이지 않던가요?

망각의 알약

과거에 대한 기억을 즐길 수 있는 것은 인생을 두 번 사는 것이다. −마셜

"고통스런 기억을 지워버릴 약은 없을까?"
이 물음은 과학자들의 오랜 숙제였습니다.

 가슴 쓰린 실패의 경험, 되돌리고 싶지 않은 끔찍한 일들을 머릿속에서 사라지게 할 망각의 알약 말입니다.

 하지만 전 이런 약이 개발되지 않았으면 좋겠습니다. 사랑은 소중한 사람과의 기억이 쌓이면서 아름다워지는 건데요. 망각의 알약이 나온다면 '싸우면서 정든다'는 정다운 말이 사라지지 않을까요?

하얀 쌀밥이 더 이상 사치가 아닌 지금도

우리가 여전히 "밥 먹었냐"며

안부를 묻는 건 왜일까요.

아마도 우리의 미각이 그리워하는 건

윤기 흐르는 밥보다 밥 한술 나누던

따뜻한 온기가 아닐까 싶습니다.

 **정해광** 아프리카미술관 관장

스페인 마드리드국립대학에서 한국인 최초로 철학박사 학위를 받았다. 1989년부터 수십 차례에 걸쳐 아프리카의 오지를 여행하며 수집한 조각과 회화 작품이 500여 점에 이른다. 현재 대학과 교도소에서 문화철학과 인간학 관련 강의를 하면서 아프리카미술관과 갤러리통큰을 운영하고 있다. 저서로 《아프리카 미술의 현장 1, 2》가 있다.

부시맨의 무소유

무소유란 아무것도 갖지 않는다는 것이 아니라 불필요한 것을 갖지 않는다는 것이다. 우리가 선택한 맑은 가난은 부보다 훨씬 값지고 고귀한 것이다. -법정

'부시맨'이란 별명으로 잘 알려진 아프리카 남부의 산(San) 족. 그들은 동작이 느린 사슴이나 토끼는 절대로 잡지 않는답니다. 노인들이 사냥할 수 있는 기회를 남겨두기 위해서죠.

또 물을 마시러 오는 동물들을 위해서 우물 근처엔 덫을 놓지 않고, 열매를 딸 때도 씨앗이 될 만큼 꼭 남겨둔다는군요.

부시맨과 말은 통하지 않을지라도 그들의 삶이 전하는 메시지는 딱 세 글자로 통역이 가능하지 않을까요?
네, '무 소 유' 그것입니다.

마음 부자

꽃은 순수하게 존재합니다. 어느 누군가를 위해 자기 모습을 다르게 바꾸는 일이 없습니다. 그래서 그 모습이 더욱 빛나 보입니다. 우리 영혼이나 사랑도 활짝 핀 꽃과 같으면 좋겠습니다. —바바 하리다스

스페인에서 정치철학을 공부하던 제가 아프리카로 눈을 돌린 건 아프리카 사람들의 그림과 조각이 품고 있는 순수한 영혼에 반해서였습니다.

생 텍쥐페리가 《어린왕자》의 배경을 아프리카 사하라 사막으로 정한 것도 어쩌면 그 땅에 밴 순수함 때문이 아닐까 합니다.

아프리카로 한번 눈을 돌려보세요. 전시회에서 제가 만났던 열 살짜리 꼬마의 이 말을 이해할 수 있을 겁니다.
"아프리카 사람들은 가난한 줄 알았는데, 마음이 참 부자네요."

화해의 리더십

용서는 절대로 화해될 수 없는 것을 화해시킬 수 있는 그 무엇, 신적이며 기적적인 것이다. —돈 보스코

"세계를 이끌 최고의 지도자를 찾아주세요."

영국 BBC에서 100여 명의 후보를 놓고 이런 온라인 인기투표를 실시했습니다. 그 결과 네티즌들이 찾은 세계 대통령은 바로 남아공의 전 대통령 넬슨 만델라였죠.

그를 최고의 리더로 손꼽은 이유는 '관용'이었습니다. 백인의 인종 차별 정책에 맞서 싸우다 30여 년 수감생활을 했던 그가 대통령이 된 뒤 꺼낸 첫 마디는 '용서'와 '화해'였습니다.

어떻게 그럴 수 있냐고 묻자 만델라는 웃으며 이렇게 얘기했다고 하네요.

"미워하면 내 안에 갇혀 있게 됩니다. 난 자유롭고 싶었습니다."

뽈레 뽈레

인생은 길다. 그러니 천천히 가라. −넬슨 만델라

'번쩍이는 산'이란 뜻을 가진 탄자니아의 킬리만자로. 만년설을 보겠다면서 찾아온 등반객들을 안내할 때 현지 가이드는 쉼 없이 외친답니다. "뽈레 뽈레~"

'뽈레 뽈레'는 '천천히'란 뜻입니다. 그런데 습관이 돼서인지 사람들은 좀처럼 발걸음을 늦추지 못한다는군요.

인류가 '빨리빨리'만 외치는 사이 지구 온난화로 킬리만자로의 눈은 점점 녹아내리고 있습니다. 킬리만자로 만년설을 천년만년 보기 위해 우리가 지킬 첫 번째 계명, '빨리빨리'를 '뽈레 뽈레'로 바꾸는 데 있습니다.

고두심 탤런트

1951년 제주 출생. 1974년 MBC 드라마 〈갈대〉로 데뷔, 〈전원일기〉〈아들과 딸〉〈목욕탕집 남자들〉〈꽃보다 아름다워〉, 연극 〈친정엄마〉 등에 출연해 '국민 어머니'로 불리고 있다. 2010년 어린이재단과 함께한 해외봉사 프로그램 '희망로드 대장정'에 참여해 동티모르 아이들을 만나고 왔다. 2007년 옥관문화훈장을 수상했다.

명당 만들기

삶이라는 아주 멋진 축제를 남들과 함께 즐기고자 애쓰라. −에픽테토스

"명당자리 하나 없나요?" 하고 묻는 사람들에게 한 풍수전문가는 강조한답니다. 명당은 찾는 게 아니라 만드는 거라구요.

찾아보면 수맥이나 지형이 좋은 터가 있긴 한데요, 그보다 중요한 건 묏자리에 누울 사람이 평소에 쌓아둔 덕이라는군요.

사후의 좋은 자리보다 생전의 좋은 인연이 더 소중합니다. 정겨운 대화, 따뜻한 마음을 나누는 이곳이 바로 명당이요, 꽃자리입니다.

밥과 온기

때때로 인생이란 커피 한 잔이 가져다주는 따스함에 관한 문제다. —리처드 브라우티건

끼니때가 아닌데도, "밥 먹었어?" 우린 이렇게 인사합니다. 드라마에도 유독 다른 나라보다 식사 장면이 많다고 하구요. 그만큼 과거에 배고픈 시절이 길었다는 얘기일 텐데요.

하얀 쌀밥이 더 이상 사치가 아닌 지금도 우리가 여전히 "밥 먹었냐"며 안부를 묻는 건 왜일까요. 아마도 우리의 미각이 그리워하는 건 윤기 흐르는 밥보다 밥 한술 나누던 따뜻한 온기가 아닐까 싶습니다.

숨비소리

누구에게나 인생은 험난하다. 하지만 높은 곳의 상쾌한 공기는 등산가로 하여금 계속해서 정상으로 올라가게 한다. 그는 가파른 길을 넘어 마침내 산을 정복한다. −윌리엄 C. 돈

제 고향 제주를 떠올리면 휘익~ 하던 휘파람 소리가 귓전에 울려옵니다. 바다로 들어간 해녀들이 숨을 참다가 내쉬는 이 소리를 '숨비소리'라고 하죠.

요즘 주변을 보면 이 숨비소리들이 많이 들려옵니다. 거친 세파 헤치며 숨 가쁘게 살아가는 이웃들 목소리입니다.

숨 넘어갈듯 힘들 때가 있습니다. 그때마다 전 제주 어머니들의 이 말을 떠올립니다.
"바다는 무섭지. 그래도 그 물에 들어가면 다시 힘이 나."

나눔 치유

우리가 호의를 베풂으로써 얻는 기쁨은 그 행위가 우리가 가치 없는 사람이 아니라는 느낌을 준다는 데서도 나온다. 그것은 뜻밖의 기쁨이다. -에릭 호퍼

그림 그리고 글을 쓰면서 마음의 상처를 치유한다는 분들이 많습니다. 제가 아는 한 중년 여성은 머리핀을 만들면서 위로를 받았다고 하네요.

그녀는 얼마 전 손수 만든 머리핀 100개를 어린이 재단으로 보내오셨는데요. 아이들이 예쁘게 단장할 걸 생각하면 절로 마음이 환해진다고 합니다.

나눔은 마음을 위로하는 최고의 처방전입니다. 나누기 위해선 내가 갖고 있고, 할 수 있는 것들을 하나씩 돌아봐야 하니까요.

인생의 느낌표

봄이 오면 봄을 느끼고 기뻐하라. 행복이 오면 행복을 느끼고 기뻐하라. 사랑이 오면 사랑을 느끼고 기뻐하라. -칼 에발트

요즘 이상하게도 기특한 게 많아집니다. 화분에 뾰족이 올라온 잎사귀 하나, 하나씩 말을 익혀가는 꼬마들을 보면 깜짝깜짝 놀라게 되죠.

나이 들었다는 증거 가운데 하나가 감탄사를 하나씩 잃어버리는 거라고 합니다.

하늘과 나무의 빛깔이 어떻게 달라졌나 눈여겨보신 적 있으세요? 조금씩 달라지는 그 빛깔에 하루에 한 번씩 감탄하는 연습을 해보세요. 그 한 마디가 내 영혼에 느낌표가 돼줄 겁니다.

 **송진구** 주성대 창업경영학과 교수

삼성경제연구소, 현대자동차, SK, 대검찰청, 서울시 등 많은 기업과 기관, 단체에서 혁신, 창조, 리더십에 대한 명강의를 해왔다. MBC 라디오 〈송진구 교수의 창업교실〉을 진행했고, MBC 〈희망특강 파랑새〉에서 희망의 메시지를 들려줬다. 현재 송진구 명품전략연구원 원장, 주성대 창업경영학과 교수로 재직하고 있다. 저서로 《극복의 힘 빅 예스》 《명품인생 만들기》 등이 있다.

다시 꿈꾸기

절망하지 마라. 설령 절망하지 않을 수 없는 형편이라도 절망하지 마라. 이미 끝장이 난 듯 싶어도 결국은 또 새로운 힘이 생겨나는 법이다. −프란츠 카프카

저는 교수가 되기 전 사업 실패로 매일매일 절망을 했습니다. 아파트 베란다를 보며 자살까지 생각했지만, 결국 저는 뛰어내리지 못했습니다. 그 이유는 바닥이 시멘트라 '너무 아프겠다'고 생각했기 때문입니다.

사람은 실패의 크기 때문에 죽는 것이 아니라 절망의 깊이 때문에 죽는 것입니다.

지금 절망에 빠져 있다면 명확한 꿈을 설정하고, 거기에 날짜를 적고 도전해보십시오.

고통의 크기

> 우리를 죽이지 못하는 것은 무엇이든지 우리를 더 강하게 만든다.
> -프리드리히 니체

　상어는 태어나는 순간부터 죽는 순간까지 한순간도 헤엄치는 것을 멈추지 않는다고 합니다. '부레'가 없기 때문에 잠시라도 헤엄치는 것을 멈추면 죽게 되는 거죠. 하지만 쉬지 않고 움직인 결과 바다의 강자가 됩니다.

　지금 나를 고통스럽게 만드는 일상이 나를 더 강하게 만드는 힘이 될 수 있습니다. 고통을 겪지 않고 성공한 사람은 없습니다. '성공의 크기'는 견뎌낸 '고통의 크기'와 비례합니다.

뇌 길들이기

좋은 것도 나쁜 것도 아직 정해진 것은 없다. 그러나 생각이 그렇게 만들 수는 있다.
-윌리엄 셰익스피어

인간은 자신의 '뇌'를 속일 수 있습니다. 실제로 인간의 뇌는 현실과 상상을 구분하지 못한다고 합니다.

자~ 레몬을 깨물어 먹고 있다고 상상해보세요. 입에 침이 고이지만, 손에는 아무것도 없습니다. 손에 아무것도 없는데 입에 침이 고인 것은 자신의 뇌를 속인 것입니다.

성공한 사람들은 한결같이 자신의 뇌를 긍정과 희망으로 속이는 사람들이었습니다.

여러분도 자신의 뇌를 속여보시기 바랍니다. 그 꿈은 반드시 이루어집니다.

칭찬의 힘

칭찬과 격려는 불가능을 가능케 만드는 기적의 힘을 가지고 있다. −프란체스코 알베로니

  우리 신체 중에 가장 강한 부위는 어디일까요? '주먹'이나 '발'일까요?
  인체에서 가장 강력한 곳은 다름 아닌 '혀'입니다. 주먹이나 발은 한 번에 한 사람을 때릴 수 있지만, 인간의 말은 수많은 사람을 죽이거나 살릴 수 있기 때문입니다.

  사람의 말은 대단한 힘을 갖고 있습니다. 그중에서도 가장 큰 힘을 가지는 것이 바로 '칭찬'입니다.
  상대에게서 칭찬할 점을 발견하면, 그 즉시, 그리고 많은 사람들 앞에서 칭찬해주세요.

사랑해주는 거, 별거 아닙니다.
말 한 마디 따뜻하게 건네고, 다독여주는 거죠.
상대를 외롭게 하지 마세요.
배고프면 밥을 먹어야 하듯이
'마음'이 고프면 '마음'을 먹어야 한답니다.

 이영희 한복 디자이너

1936년 대구 출생. 1976년 '이영희 한국의상'을 오픈해 디자이너로 데뷔, 1993년 한국 디자이너 최초로 파리 프레타 포르테 무대에 섰다. 2000년 뉴욕 카네기홀에서 패션공연을 하고, 2004년 맨해튼에 '이영희 뮤지엄'을 오픈하는 등 한복의 현대화와 세계화에 힘썼다. 현재 (주)메종 드 이영희 대표, 한국예술종합학교 무대의상과 교수를 맡고 있다.

명성의 씨앗

운명은 우리를 행복하게도 불행하게도 만들지 않는다. 다만 그 재료와 씨를 우리에게 제공할 뿐이다. ―미셸 몽테뉴

　벌써 30년도 훌쩍 넘었네요. 이불을 팔다 남은 자투리 천이 아깝다는 생각으로 만든 게 바로 한복이었어요.

　그러다 제 나이 마흔이 되던 해 용기를 내어 의상실을 열고, 그렇게 '이영희'와 '한복'의 인연은 시작됐습니다.

　명성을 떨치는 세계적인 디자이너도 처음 시작은 아주 작은 기회로 출발합니다. 그 씨앗을 어떻게 가꾸느냐가 열매의 크기를 결정합니다.

변화의 바람

당신이 아무리 올바른 길 위에 서 있다고 해도 제자리에 가만히 있는다면 어떤 목표도 이룰 수 없다. -랠프 월도 에머슨

제 삶을 이야기할 때 빼놓을 수 없는 것이 바로 '바람의 옷'입니다.

치마저고리에서 저고리를 벗긴 형태의 옷을 보고 처음엔 "무슨 한복 치마만 입혀놓고 패션이냐~" 하며 비판이 거셌습니다. 하지만 이 옷은 파리라는 먼 나라에서 태어났고, 한복을 세계에 알리는 계기가 됐습니다.

지금의 이영희를 있게 해준 건 전통을 버리고 전통을 얻은 '바람의 옷'입니다.

어머니와 딸

사랑과 신뢰는 만인의 마음에 유일한 모유이다. —존 러스킨

이름이 알려진 뒤 사람들은 제게 '색깔의 마술사'란 과분한 별칭을 붙여주곤 했습니다. 하지만 정작 그 별칭이 어울리는 사람은 저의 어머니십니다.

저는 어머니의 색깔을 보고 자랐고, 어머니는 한복에 대한 끊임없는 충고를 아끼지 않으셨죠.

"넌, 큰일을 할 거야, 넌 큰일을 할 사람이야…"
어머니의 믿음이 지금의 저를 만드셨습니다.

작은 손길

위대한 성과는 함께 이루어지는 작은 일들의 연속으로 이룩된다. -빈센트 반 고흐

세계를 다니며 패션쇼를 하면서 느끼는 것은 혼자서 되는 건 하나도 없다는 겁니다. 코디네이터와 메이크업 아티스트, 헤어 스타일리스트까지… 최고라고 불리는 그들에게 배울 것이 정말 많았습니다.

주인공은 제가 만든 옷이지만, 그들의 손길 하나에 제 옷이 달라지고 새롭게 바뀌는 걸 보면, '아, 이유 없이 일류가 되는 게 아니구나.' 싶었습니다.

나사 하나가 기계의 생명을 좌우하듯 사소한 것 하나가 전체를 바꾸기도 합니다. 작은 것에 더 신경을 써야겠습니다.

 **김영희** 김영희 부부컨설팅 소장

대학에서 국문학을 전공했다. 1996년부터 서울가정법원 조정위원으로 활동해왔다. 1천 건이 넘는 이혼 조정을 하며 70퍼센트의 높은 조정률을 기록하여 '조정의 달인'이라 불렸으며, 2003년 대법원으로부터 감사장을 받았다. 2006년 여성 최초로 서울가정법원 조정위원 협의회 회장에 올랐으며, 2008년 김영희 부부컨설팅을 열었다. 저서로 《만남, 사랑 그리고 헤어짐》《Why me?》 등이 있다.

독한 말

부드러운 말은 사람을 살리고, 악한 말은 사람을 죽인다. -탈무드

저에게 상담을 받으러 오시는 분들 중엔, 말로 인한 상처를 잊지 못하는 분들이 참 많습니다.

이혼을 하려고 온 어느 60대 할머니께서도 내일 죽더라도 오늘 이혼하고 싶다며 가슴을 치며 통곡하셨습니다. 그 이유 역시 남편이 쏟아낸 인격모독의 '독한 말' 때문이었는데요.

여러분, 그러지 마세요. 진짜 가까운 게 부부 사이입니다.
인격을 무시하는 말은 상대를 태우고, 자신도 태운다는 거, 명심하세요.

마음 허기

서로 치유하기 위해 우리가 할 수 있는 가장 가치 높은 일은 서로의 이야기에 귀를 기울여 주는 것이다. -레베카 폴즈

어느 30대 여성이 상담소를 찾아와 눈물을 흘립니다.
"외로워 죽겠어요. 사랑받고 싶어요…."

남편이 있는데도 외롭다고 아내들이 비명을 지릅니다.
뭐가 부족해서 그러냐~ 배부른 소리로 들리시나요?

사랑해주는 거, 별거 아닙니다. 말 한 마디 따뜻하게 건네고, 다독여주는 거죠.
상대를 외롭게 하지 마세요. 배고프면 밥을 먹어야 하듯이 '마음'이 고프면 '마음'을 먹어야 한답니다.

행복한 산수

낙관주의자는 장미에서 가시가 아니라 꽃을 보고, 비관주의자는 꽃을 망각하고 가시만 쳐다본다. ―칼릴 지브란

　세상에 100점짜리, 완벽한 배우자가 있을까요? 절대 없지요. 그런데, 70점짜리 아내와 남편이 서로 100점이 아니라고 비난을 하면 어떨까요?

　내가 상대에게 불만이 있다면, 그 역시 마찬가지입니다. 100점을 기대하고 점수를 깎아 내리기보다, 살면서 좋은 점을 발견하고 점수를 더해보세요. 서로의 장점과 단점을 공유할 때, 비로서 '행복의 꽃'을 피울 수 있습니다.

자존심

물러섬은 곧 몇 걸음 나아가는 근본이다. 남을 대접함에는 조그만 너그러움도 복이 되니 남을 이롭게 하는 것은 바로 나를 이롭게 하는 바탕이다. -채근담

이혼을 상담하러 온 부부의 대부분은 '자존심' 싸움으로 온 경우가 많습니다. 자존심, 참 중요하죠. 그런데, 그거 아세요? 자존심이 없는 사람일수록 자존심 상한다는 말을 입에 달고 산다는 것 말입니다.

자존심 있는 사람은 스스로를 높여서 부끄럽고 창피스러운 행동을 절대로 하지 않는 법입니다. 다른 사람의 자존심 역시, 생명같이 소중하게 여기구요.

가장 가까운 사람의 자존심부터 살려주세요. 그것이 나를 높이는 길입니다.

아프거나 힘든 일을 겪을 때

부모의 이름을 부르지 않는 사람은 없습니다.

이제는 그들의 목소리에 귀를 기울여보세요.

부모님도… 사랑이 필요합니다.

 **임지호** 자연 요리 전문가

1955년 경북 안동 출생. 어린 시절부터 전국을 떠돌며 요리를 배웠다. UN 한국음식 축제를 비롯해 미국, 독일, 아르헨티나, 베네수엘라 등지에서 열린 한국음식 축제에 참가해 한국 전통음식을 세계에 알려왔으며, 그 공로로 2006년 외교통상부 장관 표창장을 받았다. 불교방송 요리 칼럼니스트, 프리랜스 요리 연구가 겸 코디네이터로 일했으며, 현재 한정식 전문 식당 '산당'을 운영하고 있다.

요리는 공양

빵이 생명의 양식이듯 감사는 영혼의 양식이다. −프리실라 웨인

저는 열두 살 때부터 전국을 떠돌며 요리를 배웠습니다. 그러면서 가슴에 새긴 원칙이 하나 있습니다.

굶어죽을 위기에 처할 때마다 저를 거두어 음식을 해주었던 이 땅의 민초들, 그 은인들의 은혜를 갚기 위해 길에서 만나는 사람들에게 음식을 만들어 대접하는 것입니다.

저에게 요리는, 모든 이들에게 감사하는 마음을 갖는 '공양'입니다.

사랑의 보물창고

음식에 대한 사랑처럼 진실한 사랑은 없다. －조지 버나드 쇼

30년 전 아내와 사별한 뒤 홀로 감나무를 지키며 살아가는 정병재 할아버지는 아직도 아내를 그리워하며 사십니다. 그런 할아버지를 위해 저는 세상에 하나밖에 없는 '감떡'을 만들어드렸습니다.

한국이 좋아 캐나다에서 날아와 비금도에 정착한 20대 젊은 부부를 위해서는 '보리국수'를 빚어 타국에서의 삶을 위로하기도 했습니다.

음식은… 긴 세월 추억이 있고, 사랑이 담겨 있는 '보물창고'입니다.

자연 요리학교

자연은 말로 표현할 수 없이 순수하고 자애로워서 우리에게 무궁무진한 건강과 환희를 안겨준다. 내가 어찌 대지와 교류를 갖지 않겠는가. ―헨리 데이비드 소로

저는 전국 어디를 가더라도 늘~ 맨몸으로 다닙니다. 어느 지방을 가든 음식 재료나 도구는 가지고 다니지 않습니다. 100퍼센트 그 집에 있는 재료, 그 지방에서 나는 식물들로 음식을 만듭니다.

풀 한 포기, 꽃 한 송이, 작은 나무열매도 훌륭한 음식으로 변신을 하고, 가까이 있는 자연재료는 새로운 요리예술로 탄생합니다.

그렇기에 저를 품은 터전은 '길'이고, 저를 키운 스승은 '자연'입니다.

사이좋은 밥상

음식이 담박(淡泊)하면 정신이 맑아지고, 마음이 맑으면 잠을 자도 편안하다. -경행록

요리를 할 때 제가 강조하는 것은 프렌드십(friendship)입니다. 각기 재료로 남아 있는 것이 아닌, 서로 어울리고 조화를 이루는 것이지요.

그런 의미에서 한국의 밥상은 위대합니다. 사계절을 모두 담고 있고, 기교나 비법보다 자연의 한 부분인 숙성이나 발효 등 기다림의 미학이 있습니다.

음양의 조화를 이루고, 음식간의 밸런스가 맞는 한국 음식은…
사이좋은 친구입니다.

 **나문희** 배우

1941년 중국 출생. 1961년 MBC 라디오 공채 1기 성우로 데뷔했다. 〈바람은 불어도〉로 1995년 KBS 연기대상 대상을 수상했으며, 2000년 이후 스크린과 안방극장, 드라마와 코미디를 오가며 새로운 전성기를 보내고 있다. 특히 드라마 〈장밋빛 인생〉〈굿바이 솔로〉, 영화 〈주먹이 운다〉〈너는 내 운명〉〈열혈남아〉 등에서 자식을 끔찍이도 사랑하는 어머니를 연기해 깊은 감동과 여운을 남겼다.

부모님 마음

태양이 있는 곳은 어디라도 따뜻하고, 어머니가 계신 곳에서 자식은 언제나 행복하다.
-러시아 격언

항상 아들 걱정에 일이 손에 잡히지 않는 어머니… 아무리 자식이 서운한 일을 해도 "우리 아들은 착해~"라고 웃어주는 어머니… 제가 드라마 속에서 맡았던 엄마의 모습입니다.

온갖 어려움과 불행을 겪으면서도 자식에 대한 신뢰를 놓지 않는 '낙천가'이지만, 어쩌면 어머니는 속으로 많은 눈물을 흘리셨겠지요?

아프거나 힘든 일을 겪을 때 부모의 이름을 부르지 않는 사람은 없습니다. 이제는 그들의 목소리에 귀를 기울여보세요. 부모님도… 사랑이 필요합니다.

몰입

어떤 일에 완전히 몰입하는 능력을 가진 사람은 어떤 일이 주어져도 몰입할 수 있다.
−앤드루 카네기

물은 100도에 이르지 않으면 결코 끓지 않고, 증기기관차는 수증기 게이지가 212도를 가리켜야 움직인다고 합니다. 99도, 211도에서는 변화가 일어나지 않으니, 고작 '1도'지만 차이가 엄청나죠?

연기도 마찬가지인 것 같습니다. 주어진 역에 100퍼센트 몰입하지 않으면 관객의 마음을 움직일 수 없습니다.

자기 일에 몰입하는 사람만이 별처럼 밝은 빛을 내고, 새로운 세계를 펼칠 수 있습니다.

멈춤

때로 당신이 할 수 있는 가장 시급하고 중요한 일은 온전히 휴식을 취하는 것이다.
-애슐리 브릴리언트

저는 한 작품을 끝내고 나면 얼마간 재충전의 시간을 갖는데요, 힘에 부쳐 쉬기도 하지만 새로운 역할을 소화하기 위해선 어느 정도의 휴식이 꼭 필요합니다.

최고의 '힘'은 멈춤에서 나온다고 하죠? 음악도 '쉼'이 있어야 그 여운을 즐길 수 있고, 춤도 '정지'의 순간이 있어야 합니다.

건강하게, 멋지게 살기 위해선 달리는 것보다 '멈춤'이 더 필요한 요소입니다.

부탁

건강하고 강인한 사람은 필요할 때 도움을 요청하는 사람이다. 생채기가 무릎에 생겼을 때나 마음에 생겼을 때나 상관없이. —로나 배릿

남에게 뭔가를 부탁할 때… 입이 떨어지지 않고… 참~ 힘들죠? 누구나 부탁하는 데는 익숙하지 않겠지만, 너무 심하다 싶을 만큼 부탁하는 걸 어려워하는 사람도 있더군요.

이런 말이 있죠?
"부탁하는 사람은 5분 동안 바보가 될 수도 있지만, 부탁하지 않는 사람은 평생 동안 바보가 될 수 있다."

부탁도 능력이고, 남의 부탁을 들어주는 것은 더 큰 능력입니다.

남김없이 베풀고 가겠다는

마음을 먹으면 삶은 깃털처럼

가벼워집니다. 죽음도, 더 이상

두려운 존재가 되지 않을 겁니다.

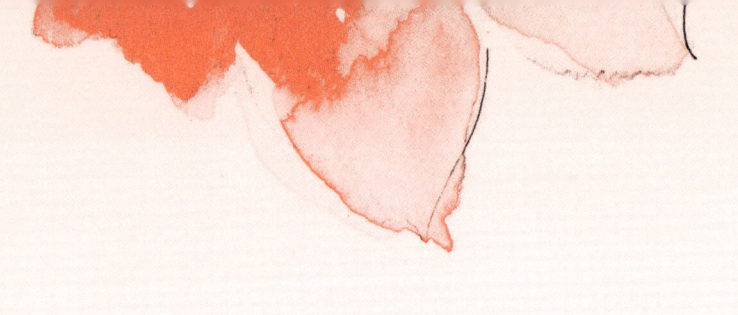

김수지 전 서울사이버대학교 총장

미국 보스턴대학에서 한국인 최초로 간호학 박사학위를 받았다. 연세대, 이화여대 간호학과 교수, 대한간호협회 부회장, YWCA 부회장 등을 역임했다. 2001년 유엔개발계획과 함께 '지역사회 만성정신질환자의 재활간호에 대한 사업'을 진행해 국제간호대상을 수상했다. 2006년 서울사이버대학교 총장에 취임하여 2010년 2월 퇴임했다.

아름다운 마무리

당신이 태어났을 때는 당신 혼자만이 울고 있었고, 당신 주위의 모든 사람들은 미소 지었습니다. 당신이 이 세상을 떠날 때는 당신 혼자만이 미소 짓고, 당신 주위의 모든 사람들은 울도록 그런 인생을 사십시오. -김수환 추기경

'죽음'이란 단어는 무겁고, 우울하고, 회피하고 싶은 말이지요? 하지만, 큰 감동을 남기고 떠난 김수환 추기경의 죽음은 사뭇 달랐습니다.

이유가 뭘까요? 그분이 걸어온 생이 아름다웠고, 떠나는 모습마저 아름다웠기 때문입니다. 그리고 또 하나, 사는 동안 미리 죽음을 준비했기에 가능한 일입니다.

남김없이 베풀고 가겠다는 마음을 먹으면 삶은 깃털처럼 가벼워집니다. 죽음도, 더 이상 두려운 존재가 되지 않을 겁니다.

웰빙과 웰다잉

죽음이란 우리에게 등을 돌린, 빛이 비치지 않는 생의 한 측면이다. —라이너 마리아 릴케

한때, 잘 먹고 잘 사는 법을 추구하는 '웰빙'에 대한 관심이 대단했습니다. 누구나 한평생을 고통 없이 살다 편하게 죽길 원하고, 이 원대로 이루어지면 그 어떤 복보다 큰 복이겠지요. 요즘 말로 하면 '웰다잉'이 되겠지요.

잘 죽는다는 것, 그 의미는… 잘 사는 것, '웰빙'과 다르지 않습니다. '웰빙'의 궁극적인 목적은 '웰다잉'입니다. 이 두 가지가 별개의 것이 아니라 하나임을 인식할 때, 우리의 '삶'에 대한 자세는 달라질 수 있습니다.

인생 사용법

이 세상에 죽음만큼 확실한 것은 없다. 그런데 사람들은 겨우살이는 준비하면서도 죽음은 준비하지 않는다. —레프 톨스토이

미국이나 일본에선 각 학년마다 '죽음의 철학'을 가르치는 교육 과정이 있습니다. 대체 뭘 가르치는 걸까요?

일본에선 30년 전부터 다양한 '웰다잉' 사회 운동이 진행됐는데요, 자기가 원하는 임종 방식을 미리 준비하는 '생전 유서'에 서명한 사람이 12만 명을 넘어섰다고 합니다.

푸른 꿈을 펼칠 청년들에게 죽음을 가르친다니, 놀랍죠? 하지만 이들은, 인생을 더욱 귀하고 값지게 사용합니다. 우리 아이들에게도 지식으로 배우는 삶을 넘어 진정 값진 삶이 무엇인지 가르쳐줘야 합니다.

내 인생의 드라마

자신이 한때 이곳에 살았음으로 인해 단 한 사람의 인생이라도 행복해지는 것, 이것이 진정한 성공이다. -랠프 월도 에머슨

잘 사는 법은 뭘까요? 부자라고 해서 다섯 끼를 먹는 것도 아니고, 매끼 진수성찬을 차려 먹는 것은 아니겠죠? 먹는 것도 중요하고 운동도 중요하지만, 생활양식에 변화를 주면 어떨까요?

인생은 드라마와 같다고 했습니다. 대사, 연출, 연기, 모두 자신이 맡아서 해야 되는 것이죠.

좋은 영화 한 편 보고 나면 마음이 편해지고 행복하듯, '내 인생의 드라마'가 끝났을 때… 그 사람이 있어 행복했다, 주위 사람들이 미소를 지었으면 합니다.

 조연환 생명의 숲 대표

1948년 충북 보은 출생. 9급 공무원으로 시작해 35년 만에 산림청 청장에 올랐다. 시인으로도 활동하며 5권의 시집을 냈다. 퇴임 후 2008년 생명의 숲 국민운동(숲전문 시민운동단체) 대표로 선출되어, "나무 덕에 살았으니 이젠 나무를 위해 살겠다."는 다짐으로 일하고 있다.

나무의 마음

당신이 주변에 있는 나무 이름을 제대로 알지 못한다고 해도, 우리 모두는 나무들이 뿜어내는 알 수 없는 힘과 존재감 안에서 살아가고 있다. -조안 프루프

"나무도 사람처럼 마음이 있소. 만지고 쓸어주면 춤을 추지만, 때리고 꺾으면 눈물 흘리죠."
이은상 작가의 〈나무의 마음〉이란 시의 한 구절입니다.

나무의 이름을 얼마나 알고 계신지요? 나무의 이름을 불러본 적은 있으신가요?

나무도 마음이 있습니다. 모진 겨울을 알몸으로 지낸 나무들에 "잘 견뎌냈다~ 올 한 해도 잘 부탁한다."고 말해보면 어떨까요? 나무의 이름을 불러주면 그들은 춤을 추고 부쩍 예뻐질 것입니다.

평생 갚아야 할 빛

지천으로 쓰는 휴지 한 조각에서도 어린 묘목의 부드러운 죽음을 느끼게 된다면 그 또한 나무 심기가 되지 않을 것인가. −박완서

우리는 나무로 만든 집에 살고, 나무로 만든 가구와 종이를 사용합니다. 죽어서는, 나무로 만든 관에 묻히게 되지요.

이렇게 평생 사용하는 나무의 양을 계산하면 50년 기른 잣나무로 409그루나 된다고 합니다. 매년 10그루씩의 나무를 40년간 심어야 자기가 쓴 양만큼의 나무를 심는 셈입니다. 그러지 않으면 빚진 자가 되는 셈이지요.

혹시 우리는 나무에게 빚쟁이는 아닌지, 조금이라도 빚을 갚을 수 있기를 소망해봅니다.

정성과 돌봄

주인의 보살핌이 가장 좋은 비료다. —플리니우스

나무는 어떻게 자랄까요? 심어만 놓으면 저절로 자랄까요?

나무는 아이 돌보듯 돌보아줘야 합니다. 어릴 때는 풀과 칡넝쿨에 억눌리지 않도록 해야 하고, 큰 다음에는 솎아주기와 가지치기를 해줘야 합니다. 그래야 곧고 튼튼한 나무가 되는 거죠.

자식을 낳아 잘 기르면 훌륭한 인재가 되듯 한 그루 나무를 심어 잘 기르면 훌륭한 목재가 됩니다.
저절로 자라는 것은 없습니다. 나무도 정성과 돌봄이 있어야 자라납니다.

나무를 심는 사람

나무는 나의 재산에 속하지 않을 것이다. 나의 실존에 속할 것이다. －이윤기

'엘자아르 부피에'를 아시는지요? 프랑스 소설 《나무를 심은 사람》에 나오는 주인공입니다.

양치는 목동인 부피에는 불모지에 매일같이 도토리를 100개씩 심었습니다. 10년 뒤엔 참나무 숲이 우거지고, 40년이 지나자 시냇물이 흐르는 낙원이 되었다는 이야기입니다.

나무를 심는 일은 당장 돈 되는 일은 아니지만, 나무는 우리에게 한없이 많은 것을 베풀어줍니다. 올해 우리 모두 이 땅에 한 그루 나무를 심는 부피에가 되어봅시다.

책을 읽고 음악을 듣는 시간,

사람과의 이야기에 감동해보세요.

노화를 막는 최고의 방법이자,

무병장수의 명약이 됩니다.

성석제 작가

1960년 경북 상주에서 태어났다. 1994년 짧은 소설 모음 《그곳에는 어처구니들이 산다》를 펴내며 본격적으로 소설을 쓰기 시작했다. 소설집 《재미나는 인생》《내 인생의 마지막 4.5초》《조동관 약전》《홀림》《황만근은 이렇게 말했다》 등, 장편소설 《아름다운 날들》《순정》《인간의 힘》 등을 냈다. 한국일보문학상, 이효석문학상, 동인문학상, 현대문학상 등을 수상했다.

베스트 드라이버

고결함은 자기 자신에게 정직해지고자 하는 것에서 시작한다. ─코트 플린트

얼마 전 택시를 탔을 때 머리가 백발인 운전기사가 이런 말을 했습니다.

"난 택시 운전을 30년 넘게 했지만 급브레이크를 한 번도 밟은 적이 없어요."

사고가 날 수 있는 상황이 벌어지면 어떡하느냐고 물으니,
"그런 상황이 되지 않도록 평소에 여유 있게 천천히 다니면 돼요. 제가 하고 있는데 손님이 못 하실 리가 없지요."라는 대답을 하십니다.

그분의 말씀을 그대로 따라하지는 못했지만… 저 역시, 한동안 노력은 하게 됐습니다.

맛있는 문장

책은 그것을 적절히 선택할 수 있는 독자에게 갖가지 즐거움을 안겨준다.
-샤를 몽테스키외

    책 속에는 몇 번을 거듭 읽어도 그 맛이 오히려 살아나는, 감칠맛 나는 문장들이 있습니다. 맛있는 음식을 먹을 때의 행복감처럼, 맛있는 문장은 우리의 마음을 배부르게 해줍니다.

    자, 책을 읽다 그런 문장을 발견하면 수첩에 메모를 해보세요. 출퇴근 지하철에서 읽는 책에서, 영화 대사에서, 노래 가사에서, 나만의 '맛있는 문장'을 수집하다 보면 어느새 근사한 자신만의 책 한 권이 만들어질 겁니다.

감동이라는 명약

사람은 적어도 하루에 한 번은 노래를 듣고, 좋은 시를 읽고, 아름다운 그림을 봐야 한다. 그리고 좋은 말을 나누어야 한다. —요한 볼프강 폰 괴테

마음이 움직이는 '감동'의 '감' 자(字) 돌림의 형제자매에는 감격, 감탄, 감명, 감응 등이 있습니다. 사촌쯤으로는 감사, 감성, 감개무량, 감지덕지 등이 있습니다.

이렇게 '감 유전자'들이 많으니 감동하는 건 대단히 쉬운 일 같죠? 하지만 현실에선 하루 한 번 감동하기가 쉽지 않습니다.

책을 읽고 음악을 듣는 시간, 사람과의 이야기에 감동해보세요. 노화를 막는 최고의 방법이자, 무병장수의 명약이 됩니다.

결과물

새로운 자기를 만들지 않은 날들은 모두 잃어버린 것으로 간주하라. -새뮤얼 존슨

어떤 프로기사를 만난 적이 있습니다. 그는 취미도 바둑, 좋아하는 것도 바둑, 공부하는 것도 바둑이라고 하더군요.

안 지겨우냐고 물었더니 아직 많이 부족하다고 생각한답니다. 그러면서 이런 말을 했습니다.

"오늘 내가 둔 바둑은 1년 전에 내가 공부한 바둑의 결과다. 오늘 하루를 놀아버리면 내년 이맘때는 지고 말 거다."

그 뒤부터 저는 저의 오늘이… 지나간 어느 날의 결과물인지 생각해보는 버릇이 생겼습니다.

 **김창옥** 김창옥 퍼포먼스트레이닝 연구소 대표

대학에서 성악을 전공하고, 목소리로 인생을 경영하는 보이스 컨설팅을 연구, 대한민국 제1호 보이스 컨설턴트가 되었다. 300여 개의 기업, 정부산하기관, 대학에서 강의하며 스타 강사로 떠올랐으며, KBS 〈아침마당〉, CBS 라디오 〈이숙영의 파워 FM〉 등에도 출연하고 있다. 저서로 《소통형 인간》 《유쾌한 소통의 법칙》 등이 있다.

귀여운 도전

농담에 진심을 섞어 변화를 주는 것은 좋은 일이다. −프랜시스 베이컨

부모님들을 모시고 강의할 때, 휴대전화로 자녀들에게 문자 보내기 캠페인을 합니다.
"엄마 아빠가 너 좋아하는 거 있지 마. ♡"

자녀들의 답문자도 재밌습니다.
부산 자녀는… "와? 시키드나~"
서울 자녀는… "아빠 왜 이래?"
이 말은 하지 말라는 게 아닌 거죠. 지금은 쑥스럽지만, 한 번만 더 해주면 좋겠다는 겁니다.

새로운 것에 적응할 때 약 21일이 걸린다고 합니다. 부모님들! 낙심하지 마시고 21일, 한번 도전해보세요.

느림의 발견

대부분의 사람들은 지나치게 빠른 속도로 쾌락을 찾다가 그것을 지나치고 만다.
−쇠렌 키르케고르

강의를 위해 지방에 갈 때가 많은데요, 누군가 그러더군요.
"아이구~ 제주도며 강원도며 두루 다녀서 좋겠구먼."
그런데 정작 저는, 좋다고 생각해본 적이 한 번도 없더군요.

한번은 고속도로 대신 국도를 타봤습니다. 봄이었는데, 아~ 그때 새로운 세상을 봤습니다.

삶에도 고속도로와 국도가 있지 않을까요? 고속도로가 빠르지만, 천천히 가는 국도로 가면 알지 못했던 세계를 맛볼 수 있습니다.

스킨십

애정으로 표현된 감정만이 우리에게 좋은 피를 만들어준다. −알랭

일본에는 '와규'라는 명품 소가 있는데, 한 마리에 무려 1억 원이 넘는다고 합니다. 명품 소에 걸맞게 대우도 대단합니다. 음악을 들려주고, 거에다가 맥주도 넣어주고, 축사도 무척 넓다고 합니다.

근데, 눈에 띄는 건, 하루에 두세 시간 붓질을 해준다고 합니다. 소도 스킨십이 좋은 줄 아는 거죠.

자, 우리도 해봅시다. 악수도 좋고 포옹도 좋습니다. 옆에 아무도 없다구요? 그럼 혼자 양팔이라도 껴보세요.

말의 기술

사람을 가르칠 때는 그 사람이 눈치 채지 못하게 가르치고, 새로운 사실을 제안할 때는 마치 잊어버렸던 것이 생각난 듯이 말하라. −알렉산더 포프

　부모 말을 지지리도 안 듣는 학생이 있습니다. 왜 부모님 말씀을 안 듣냐고 했더니, 엄마 아빠가 맞는 말만 하기 때문이라고 합니다. 맞는 말인데 기분 나쁘게 한다는 거죠.

　맞는 말은 사람의 지식에서 나오고 기분은 사람의 표정과 목소리가 좌우합니다. 맞는 말을 기분 나쁘게 하는 건 잔소리죠. 잔소리 듣고 변화되는 사람? 당연히 없습니다.

　아무리 맞는 말이라도 기분 좋게 하는 것, 잊지 마세요.

봄에는 적당히 가뭄이 있어야 한다고 합니다.

식물의 뿌리들이 땅속을

더 깊이 파고들기 때문입니다.

지금 여러분이 겪고 있는 시련 역시

희망의 뿌리를

더 깊이 내리기 위한 과정입니다.

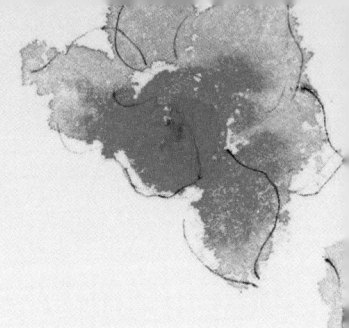

 **차동엽** 신부

가톨릭대학교, 보스턴대학교 등에서 수학했고, 오스트리아 빈대학교에서 박사학위를 받았다. 1991년 사제로 서품되었으며, 밀리언셀러를 기록한 《무지개 원리》를 비롯해 가톨릭의 교리와 인생의 지혜를 결합한 자기계발서를 여러 권 냈다. 현재 인천가톨릭대학교 교수, 미래사목연구소 소장으로 재직 중이며, TV 강연과 특강도 활발하게 펼치고 있다. 2010년 11월 《바보 Zone》을 출간했다.

사막의 꽃

희망은 영혼 위에 걸터앉은 한 마리 새다. −에밀리 디킨슨

　사막의 선인장 꽃 '사브라'는 땡볕 아래서 모진 모래바람을 견디고 힘겹게 싹을 틔웁니다. 사막의 어떤 악조건에서도 꽃을 피우고 열매를 맺는 강인함과 억척스러움의 상징, 사브라….

　유대인은 자녀들을 '사브라'라고 부릅니다. 말을 배울 때부터 사브라~ 소리를 듣고 자라는 유대인들에겐 필경 강한 생존본능이 자리 잡게 되었을 것입니다.

　우리 인생의 사브라는 무엇일까요?
　어떤 역경에도 필 수 있는 꽃, 그것은 희망입니다.

희망의 뿌리

희망은 두려움 속에서 서서히 나타날 때 가장 밝은 빛이 난다. -월터 스콧

'질풍지경초'라는 고사 성어를 아시나요? 세찬 바람이 불어야 비로소 강한 풀을 알 수 있다는 뜻입니다.

우리도, '뿌리 깊은 희망'을 가져야 합니다. 시련의 태풍을 끄떡 없이 버티려면 우리의 희망은 가슴속에 깊이~ 뿌리를 내려야 하는 것입니다.

봄에는 적당히 가뭄이 있어야 한다고 합니다. 식물의 뿌리들이 땅속을 더 깊이 파고들기 때문입니다. 지금 여러분이 겪고 있는 시련 역시 희망의 뿌리를 더 깊이 내리기 위한 과정입니다.

최고의 진통제

부드러운 사랑의 손길은 치유의 가장 귀중한 성분이다. —래리 도시

의학적으로 규명된 이야기가 있습니다. 환자가 회복할 때 가족이 병간호를 해주면, 진통제가 훨씬 적게 들어간다고 합니다. 가족간의 사랑이 최고의 진통제인 셈이죠.

비단 육체에서만 일어나는 현상이 아닐 겁니다. 정신적인 고통을 겪을 때도 사랑하는 사람이 해주는 말 한 마디가 강력한 진통 효과를 발휘합니다.
"걱정 마, 내가 곁에 있잖아."
"당신은 할 수 있어요."

오늘, 위로의 말을 한번 나눠보시면 어떨까요?

비장의 무기

힘은 희망을 가진 사람들에게 주어지고, 용기는 가슴속의 의지에서 일어나는 것이다.
-펄 벅

극단적인 궁지에 몰린 나폴레옹은 말했습니다.
"나에게는 아직도 비장의 무기가 남아 있다. 그것은 희망이다."
그는 희망으로 '희망'을 언급한 것이 아니라, 희망이라는 말이 그에게 힘을 주었기에 그렇게 말했던 겁니다.

어느 시인의 말처럼, 비록 힘없는 하찮은 존재라 하더라도 꿈을 가질 때 얼굴은 밝아지고 생동감이 흐릅니다. 눈에는 광채가 생기고 발걸음은 활기를 띠고 태도는 씩씩해집니다.

껍데기 희망이라도 꼭 붙들어야, 희망이 생깁니다.

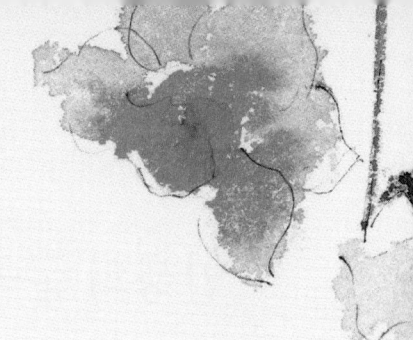

인순이 가수

1978년 희자매로 데뷔하여 현재까지 17장의 정규앨범을 냈다. 30여 년간 끊임없이 활동하며 수많은 콘서트를 개최했고, 2003년 일본 동경과 고베에서 공연했으며, 2010년 뉴욕 카네기홀 무대에 섰다. 2007년 발매한 싱글 〈거위의 꿈〉이 자신의 인생 스토리와 결부되어 많은 인기를 누렸고, 후배 음악인들과의 공동작업에도 활발하게 참여하고 있다.

인생의 굴곡

길 위에 놓인 큰 돌덩이가 약한 사람들에게는 걸림돌이 되겠지만, 강한 사람들에게는 디딤돌이 된다. -캐서린 맨스필드

사람들이 저를 보면 안쓰럽게 여길 때가 있었습니다.
"그 힘든 시기를 어떻게 보냈을까?" "나라면 못했을 거야…"
물론 힘들었지만, 누구의 인생에도 저 정도의 굴곡은 있을 거란 생각을 해봅니다.

아무도 불러주지 않던 시기에도 저는 노래를 거르지 않았고, 국악과 재즈 공부를 게을리 하지 않았습니다. 그때 저장해놓은 무기를 지금 맘껏 쓰고 있는 셈이구요.

나만 왜 그럴까~ 억울해 하지 마세요. 누구나 겪는 일이라면, 누구나 이겨낼 수 있습니다.

신비한 인연

세상을 보는 데는 두 가지 방법이 있다. 하나는 모든 만남을 우연으로 보는 것이고, 다른 하나는 모든 만남을 기적으로 보는 것이다. -알베르트 아인슈타인

예전에 엄마를 보면서 이런 생각을 한 적이 있습니다.
"어떻게 내 엄마가 되었을까, 나는 어떻게 엄마의 딸이 되었을까?"

지금은 제 딸을 보면서 다시 한 번 질문해봅니다.
"이렇게 예쁜 아이가 어떻게 내 딸이 되었을까, 어떻게 내가 이 아이의 엄마가 되었을까?"

보기만 해도 배부르고, 생각만 해도 행복해지는 딸…. 한 것도 없는데 참 과분한 복을 받고 있구나, 딸을 보며 생각합니다.

무대 밖의 시간

하나의 작은 꽃을 만드는 데도 오랜 세월의 노력이 필요하다. －윌리엄 블레이크

    TV에 얼굴을 비추지 않으면 대중들은 소위 한물갔다는 표현을 합니다. 음반을 내지 않으면 슬럼프에 빠졌다고 하지만, 전혀 그렇지가 않답니다. 다시 무대에 섰을 때, 그전보다 더 나은 모습을 보이기 위해 변화의 시간을 갖는 겁니다.

    제가 후배들에게 자주 하는 말이 있습니다.
"우아하게 물 위에 떠 있는 백조의 물 아래 모습을 생각하라."

    온 힘을 다해서 발버둥을 쳐야 떠 있을 수 있듯이, 가수 역시 끝없이 노력해야 사랑 받을 수 있습니다.

진짜 효도

부모를 공경하는 효행은 쉬우나, 부모를 사랑하는 효행은 어렵다. －장자

저희 엄마와 저는… 참 맞지 않는 모녀였습니다. 주변에선… 돌아가실 때까지, 딸이 할 만큼 했다고 하지만, 시간이 지날수록 못 해드린 것만 생각나 힘들었습니다.

돈으로 뭔가를 해드리는 것이 가장 좋은 거라고 생각했던 딸…, 지금은… 많이 안아드리지 못한 것이 가장 후회가 됩니다.

내 마음이 편하기 위해서 하는 효도는 접어두고, 진심으로, 마음으로 한번 보듬어 안아드리세요. 그것이 진짜 효도랍니다.

사랑은 무엇보다도 사람을 아름답게
만들어줍니다.
말이 아름답고, 생각이 아름답고,
얼굴이 아름다워집니다.
그 결과…
사람이 꽃보다 아름다워지는 것이지요.

허구연 야구 해설가

1951년 출생. 고교, 대학, 실업야구 선수 시절 국가대표로 활약했으며, 부상으로 인해 1978년 은퇴했다. 1982년 프로야구 출범과 함께 MBC 야구 해설위원으로 발탁되었고, 청보 핀토스 감독, 롯데 자이언츠 수석코치, 미국 토론토 블루제이스 마이너리그팀 유급 코치를 역임했다. 현재 MBC 야구 해설위원, 야구 정보 회사 (주)케이에스엔 대표를 맡고 있다.

인생 역전

끝나버리기 전에는 무슨 일이든 불가능하다고 생각하지 말라. −키케로

"끝날 때까지 끝난 게 아니다!"

야구에서 자주 인용되는 명언 중 하나로, 뉴욕 양키스의 전설 요기 베라의 말입니다. 하지만 이 선수도, 공이 잘 맞지 않을 때는 야구 방망이를 탓할 뿐이라고 고백한 적이 있습니다.

야구가 끝나기 전까지는 결과를 쉽사리 예측할 수 없듯이, 우리의 인생도 언제든 역전이 가능합니다. 그 결과는 9회말 2아웃까지도 열려 있습니다.

그럼, 다함께 외쳐볼까요?
"그려~ 우리 인생도 끝날 때까지 끝난 게 아니여!"

삶의 매직

일이 즐거우면 인생은 낙원이 되고, 일이 의무이면 인생은 지옥이 된다. -막심 고리키

농구 선수 빌 러셀은 농구를 할 때마다 '매직'과 같은 매력을 느꼈다고 합니다. 그런데, 프로 선수로 뛰면서부터 갑자기 농구가 '일'이 됐고, 예전에 느꼈던 '매직'이 사라져버렸다고 합니다.

야구 선수 조 디마지오 역시, 야구를 하는 것이 즐겁지 않은 일이 되었다면 그것은 더 이상 야구가 아니라고 했습니다.

자, 우리도 생각을 한번 바꿔봅시다.
"어라? 좋아하는 걸 하는데 돈까지 생기네?"

최고의 그라운드

스포츠가 주는 세 가지 보물은 연습과 페어플레이 정신, 그리고 친구다. −고이즈미 신조

운동선수에게 경기성적과 결과는 중요합니다. 하지만 그것이 페어플레이와 스포츠퍼슨십보다 우선돼서는 안 되는 일입니다.

야구팬들이 열광하는 것은 팀의 성적보다 운동선수들이 경기장에서 보여주는 인간적인 탁월함과 팀워크입니다. '최선의 가치'를 최고로 여기며 순리를 따를 때, 운동선수는 명예로운 스포츠 인으로 남을 것입니다.

'규칙'과 '순리' 그리고 '정정당당함'이라는 상식이 통하는, 사람 냄새 나는 그라운드를 꿈꿔봅니다.

가장 용감한 사람

남을 이기는 자는 강하다. 그러나 자기 자신을 이기는 자는 전능하다. -노자

    야구는 시즌이 길고, 경기 수가 많은 스포츠입니다. 뛰는 선수로서는 체력적인 소모가 많아서 경기력을 최상으로 유지하기가 쉽지 않습니다.

    힘든 경기 일정을 치르는 과정에서 슬럼프에 빠지거나 생각만큼 경기력이 발휘되지 않을 때, 감당해야 할 중압감이 크다는 건 예상하고도 남습니다.

    저는 우리 선수들을 볼 때마다 유태인의 3대 명언 중 하나를 떠올려봅니다.
"가장 용감한 사람은 자기와의 싸움에서 이기는 사람이다."

이광희 패션 디자이너

1980년 '바이카운테스 부티크'를 설립하면서 디자이너로 이름을 알리기 시작했고, 1989년 '이광희룩스'로 개칭하면서 상류층 여성이 애호하는 브랜드로 자리잡았다. 이때부터 음악, 무용, 미술 등 다양한 예술이 접목된 패션쇼를 시도해왔다. 2000년 대한민국 디자인대상 산업포장을 수상했다. 현재 이화여대 디자인대학원 겸임교수, 사단법인 희망의 망고나무 대표로 있다.

참는다는 것

의로운 자는 사람들의 마음과 가깝지만, 자비로운 자는 신의 마음과 가깝다. -칼릴 지브란

저희 어머니는, 아흔이 다 되도록 당신 자신보다 생활이 어려운 아이들과 노인들을 돌보느라 여념이 없으셨습니다. 생전에 저에게 전화로 한결같이 하셨던 말씀은 "오늘도… 참아봤느냐~", 이 한 마디뿐이었습니다.

참는다는 것은 단순히 화를 누르고 못 본 척, 싫은 척한다는 의미는 아닐 겁니다. 상대방을 받아들이고 인정하고, 그 마음을 수용해줄 수 있는 넉넉함이 그 진정한 의미가 아닐까 생각합니다.

증명사진

사람의 얼굴은 하나의 풍경이요 한 권의 책이다. 그것은 결코 거짓말을 하지 않는다.
-오노레 드 발자크

얼마 전, 건강 단식을 하면서 느낀 점이 있습니다. 몸을 위해서는 하루 세 번의 식사를 꼬박 챙기면서 마음과 정신을 위한 자양분 섭취에는 별 관심이 없었다는 것입니다.

사람들은 만들어가는 과정보다 완성된 무엇에 더 관심을 갖습니다. 하지만 노력 없이 결과만을 바랄 수 있을까요?

오랜 세월 열심히 살아온 그 사람만의 분위기와 인상이야말로 지나온 삶을 한눈에 보여주는 '증명사진'과 같습니다.

삶의 고비

태양이 빛나는 한 희망도 빛난다. −프리드리히 실러

옛날 어떤 사람이 세상살이가 성가시고 힘든 일이 많아 "못 참겠다!~" 하고 깊은 산으로 길을 떠났더랍니다. 그런데 산골짜기에 이르고 보니 그 '성가신 게' 먼저 와 기다리고 있었다고 합니다.

피하고 싶은 힘든 고비란 누구에게나 있겠지요? 그나마 연륜이라는 것이 조금 쌓이고 보니 마음에 여유가 생깁니다.

우리가 마주치게 되는 삶의 고비도 있지만, 구름은 언젠가는 꼭! 걷힌다는 믿음을 갖고 살아봅니다.

용기와 평화

자신의 내부로부터 평화를 발견해야 한다. 진정한 평화는 외부로부터 영향을 받지 않는다.
—마하트마 간디

일을 하면서, 고객과의 만남에서나 직원들과의 관계에서 내 뜻대로 되는 경우는 많지 않습니다. 가족 사이에서도 마찬가지구요.

'산다는 것은 참는 것을 배우는 과정'이란 말에 공감하면서, 언제부터인가 성 프란체스코의 기도를 저 자신의 기도로 삼게 되었습니다.

"제가 변화시킬 수 있는 일을 위해서는 도전할 수 있는 용기를 주옵시고, 변화시킬 수 없는 것은 그대로 받아들일 수 있는 평화로운 마음을 주옵소서…"

장미를 가꾸는 마음

시간과 정성을 들이지 않고 얻을 수 있는 결실은 없다. －발타자르 그라시안

진정한 사치는 '사람 관계의 사치'라는 생 텍쥐페리의 말을 기억합니다.

어린 왕자는… 세상에 오직 하나뿐인 줄 알고 가꾼 장미가 수만 개의 장미 중 하나였다는 사실로 크게 실망을 했지만, 그의 정성으로, 그것은 다시 세상에서 하나뿐인 소중한 장미가 되었습니다.

일을 통해 진정한 만남을 갖는 건 커다란 축복입니다. 정성이 들어가지 않은 일은 무의미한 일이라는 사훈을 잊지 않고, 오늘도 저는… 조심스레 장미를 가꾸는 심정으로 하루를 맞이합니다.

양상국 바둑 기사

1949년 서울 출생. 열일곱에 바둑에 입문해 1970년 프로기사로 입단했다. 한국기원 기사회장, 한겨레신문 바둑칼럼 필자, 성균관대 객원교수, 바둑TV 해설위원, EBS 바둑 해설위원을 지냈다. 현재 한국기원 감사로 있으며, EBS〈바둑교실〉을 20년째 진행해오고 있다. 저서로〈절묘한 맥〉〈사활의 묘〉〈바둑의 길 삶의 길〉이 있다.

바둑과 인생

승자의 주머니 속에는 꿈이 있고, 패자의 주머니 속에는 욕심이 있다. −탈무드

우리는 흔히 바둑을 '인생의 축소판'이라고 부릅니다. 인간 삶의 무대는 '바둑판', '돌의 운행'은 개개의 삶으로 곧잘 비유되곤 합니다.

자기의 분수를 지키지 못하고 욕심으로 일생을 그르치는 예가 많듯이, 바둑도 과욕으로 인해 패하는 경우가 빈번합니다.

마음을 깨끗이 하고 욕심을 내지 말아야 한다는 '청심과욕' 정신! 인생과 바둑의 당연한 결과가 아닌가 싶습니다.

승부

버리고 비우는 일은 결코 소극적인 삶이 아니라 지혜로운 삶의 선택이다. 버리고 비우지 않고는 새것이 들어설 수 없다. -법정

춘천 근교 보타사에 계시는 지월스님은 언젠가 '승부'에 대해 이렇게 얘기하셨습니다.

"승(勝)이란… 멋진 생각, 달콤한 기대를 하지 않고 부단히 연마하는 것이고, 부(負)란… 연연하지 말고 어리석은 생각을 버리며 분발할 것을 뜻한다."

바둑에서는 "묘수로 이기는 게 아니라 악수로 진다"는 격언이 있습니다. 모름지기 승부의 사념을 초월함으로써 비로소 얻는 바가 있는 법입니다.

돌로 나누는 대화

현명한 사람과 마주앉아 나누는 한 번의 대화는 한 달 동안 책으로 공부하는 것만큼의 가치가 있다. −중국 격언

바둑은 반드시 많이 둔다고 좋은 것은 아닙니다. 이길 때까지 두는 것은 발전을 가로막는, 좋지 않은 버릇 중의 하납니다.

좋은 새는 나무를 가려서 앉듯, 기력의 향상도 좋은 상대방을 만나야만 이루어질 수 있습니다.

서로 주고받는 대화처럼 바둑에서의 착점은 상대방의 생각과 행위를 규정짓는 것입니다. 돌 하나에 국면이 역전되기에 한 수 한 수를 소홀히 할 수 없지만, 동시에 상대방과의 대화이기 때문에 더욱! 그렇습니다.

헤아림

모든 일은 계획으로 시작하고, 노력으로 성취되며, 오만으로 망친다. −관자

사람은 묵묵히 있으면 어떤 감정을 갖고 있는지 알 수가 없지만, 일단 뭔가를 느껴서 움직이게 되면 어떤 사람인지 헤아릴 수 있게 됩니다.

이런 것을 바둑에 응용해서 생각해보면 승패도, 대충 헤아릴 수가 있게 됩니다. 진 이유에 대해서 깊이 연구하는 사람은 실력을 향상시킬 수 있지만, 이겼다고 교만한 사람은 강자가 될 수 없습니다.

《시경(詩經)》에도 있듯이, 사람에게는 마음이 있어 마음을 통하여 헤아림을 당하는 것입니다.

균형

마음에 흔들림 없는 원칙을 새겨두고 똑바른 행로를 지도에 긋는 자, 그리고 거기에 흐트러짐 없이 따르는 용기와 절제력을 가진 자에게 인생은 복잡한 것이 아니다. —B. C. 포브스

저는 바둑을 '균형'이라고 강조합니다. 초반에서부터 중반, 종반에 이르기까지 두 사람이 균형을 이루며 공동으로 엮어내는 작품이기 때문입니다.

바람이 천지사방에서 불어와도 흔들리지 않는 마음을 유지하면 바둑의 질은 자연히 향상되는 법입니다.

삶의 길도 마찬가지 아닐까요? 욕심과 요행을 바라면 발전은 없습니다. 항상 자신의 분수를 지키고 자연의 흐름을 거스르지 않아야 합니다.

이순재 배우

1935년 함북 회령 출생. 1957년 한국 최초의 TV 방송 HLKA로 데뷔하여 1961년 KBS에서 본격적인 연기 생활을 시작했다. 1966년 첫 영화 〈초연〉, 첫 드라마 〈나도 인간이 되련다〉를 시작으로 〈사랑이 뭐길래〉 〈허준〉 〈이산〉 〈엄마가 뿔났다〉 등 수많은 작품에 출연했으며, 시트콤 〈거침없이 하이킥〉과 〈지붕 뚫고 하이킥〉으로 다양한 연령층의 사랑을 받았다.

더 많은 선(善)

선행에 대한 보상으로 어떤 즐거움이 숨겨져 있는지는 아무도 모른다. -코란

일본의 한 생리심리학 연구소에서 이런 실험을 했다고 합니다. 다른 사람들이 자신을 칭찬하고 있다는 사실을 알려주고 뇌의 변화를 관찰한 결과, 돈을 벌 때 활성화되는 부위와 유사한 부위가 활성화되는 것을 확인할 수 있었다구요.

평소, 친절하고 좋은 행동을 한 것에 대해 보상을 받았다고 느끼는 것으로 설명하는데요. 선한 행동이 더 많은 '선(善)'을 낳는다는 말, 듣기 좋은 격언일 뿐만 아니라 의학적으로도 입증된 셈입니다.

꽃보다 아름다워

사랑은 끝없는 신비다. 그것을 설명할 수 있는 것이 전혀 없기 때문이다.
―라빈드라나트 타고르

얼마 전 읽은 책에, 이런 구절이 있었습니다.
"사월에 피는 꽃이 있고, 오월에 피는 꽃이 있다. 때가 되면 누구에게나 사랑하는 사람이 생기기 마련이다. 인생은… 먼 길이다."

'사랑'이라고 하면 청춘 남녀들만의 전유물로 느껴지지만, 아닙니다. 갓난아이도, 흰머리가 성성한 어르신도 사랑을 느낍니다.

사랑은 무엇보다도 사람을 아름답게 만들어줍니다. 말이 아름답고, 생각이 아름답고, 얼굴이 아름다워집니다. 그 결과… 사람이 꽃보다 아름다워지는 것이지요.

숙성의 미학

기다림이란 위대한 예술 중 하나다. -마저리 앨링엄

청국장, 좋아하십니까? 청국장에는 '장내에 이로운 균'이 요구르트의 100배 이상 들어 있다고 합니다.

청국장으로 인생을 바꾼 사람들은 거의 만병통치약과도 같은 기막힌 식품을 발명한 조상들께 더없이 감사한 마음이라고 합니다.

메주가 띄워지고 장이 익고… 완성될 때까지는 긴~ 기다림과 절제가 필요한 음식! 조급함이 가득한 우리의 마음도 청국장처럼 숙성의 미학을 배웠으면 합니다.

도전의 즐거움

이 세상에서 유일한 기쁨은 무언가를 새로 시작하는 것이다. −체사레 파베세

〈지붕 뚫고 하이킥〉을 통해 다시 한 번 저는 황혼 로맨스에 도전했습니다. 누구는 그러더군요. 일흔다섯의 나이에도 충분히 로맨스 연기가 가능하다는 것을 보여주었다구요.

드라마를 위해 '오보에'도 배우고, 제 생애 첫 애니메이션 더빙에 도전하기도 했습니다.

새로운 작품을 할 때마다 변화를 주는 것이 배우의 숙명이겠지만, 저는… 새로운 캐릭터가 있고, 그에 따른 도전이 있는 삶이 마냥 즐겁습니다.

영원히 지속되는
고통과 불행은 없습니다.
새로운 희망은 반드시
찾아오게 마련입니다.

 # 한미영 한국여성발명협회 회장

이화여대에서 동양화를 전공하고 연세대 법무대학원을 수료했다. 2004년 한국여성발명협회 회장에 선임되어 2008년부터 매년 세계 유일의 여성발명 박람회인 '대한민국세계여성발명대회'를 개최해왔다. 협회회원들과 함께 《환희: 행복한 여성발명가 15인의 인생과 발명이야기》를 펴냈다. 현재 태양금속공업 부사장, 한국여성경제단체연합 수석대표로도 활동하고 있다.

반짝 아이디어

창의성은 그전까지 누구도 들어본 적이 없던 것이 아니라 정확히 스스로 생각하는 것이다. -제임스 스티븐스

　가난한 양치기 소년이 있었습니다. 소년은 '어떻게 하면 많은 양들을 안전하게 보호할 수 있을까~' 고민하던 어느 날, 양들이 장미 넝쿨은 넘어가지 않는 것을 발견했습니다.

　소년은 철사줄을 꼬아 장미 넝쿨처럼 만들었습니다. 이것이 바로, '철조망'의 탄생입니다.

　발명은 삶을 더욱 편리하고 쉽게 만드는 작은 시도입니다. 생활 속 반짝 아이디어 하나만으로 여러분도 발명왕이 되고 인생을 바꿀 수 있습니다.

사랑의 발명가

창조의 뼈대는 사랑이다. －월트 휘트먼

　일본의 어느 더운 여름날, 바지 속 긴 속옷을 덥고 불편해 하는 손자를 보고, 할머니는 시원한 속옷을 만들어주고 싶었습니다. 속옷 가랑이 부분을 싹둑, 삼각형으로 잘라버리고 입혔더니, 손자가 무척 좋아했습니다.

　속옷의 대표인 삼각팬티는 이렇게 손자를 사랑하는 할머니의 마음에서부터 시작됐습니다.

　사랑하는 사람의 불편함을 없애주기 위한 세심한 관찰과 노력은 이렇게 엄청난 발명품을 만들어냅니다.

12억짜리 냅킨

하찮은 아이디어라도 종이에 써보자. 훌륭한 아이디어가 생겨난다. –알렉스 오즈번

유명한 산업디자이너 김영세 씨가 쓴 《12억짜리 냅킨 한 장》이란 책이 있습니다.

그는 아이디어가 떠오를 때 적어놓았던 냅킨이 보물이라고 말합니다. 마땅한 종이가 없어 냅킨에 대충 적어놓았던 아이디어가 엄청난 성공을 가져다준 경험이 있기 때문입니다.

성공하기 위해서는 기록하는 습관을 가져야 합니다. 메모는 좋은 아이디어를 만들어내는 지름길이며 발명의 원천입니다.

99퍼센트의 땀

성공이란 결과로 측정할 것이 아니라, 그것에 들인 노력의 총계로 측정해야 한다.
-토머스 에디슨

발명가 하면 가장 먼저 떠오르는 사람은 바로 에디슨일 것입니다. 전구를 발명하기 위해 그가 9,999번 실험을 했으나 잘되지 않자, 친구는 실패를 만 번째 되풀이할 셈이냐고 물었습니다.

에디슨은 이렇게 말합니다.
"나는 실패한 게 아니다. 다만 전구가 안 되는 이치를 발견했을 뿐이다."

천재는 99퍼센트의 땀과 1퍼센트의 영감으로 이뤄진다는 그의 말처럼, 노력 없이 이루어지는 성공은 없겠지요?

 **홍성표** 신용회복위원회 위원장

1953년 출생. 성균관대에서 경영학 석사, 대전대에서 법학 박사 학위를 받았다. 서울보증보험 서울지역본부장·상무·전무, SG신용정보 대표를 역임하며 신용 분야의 베테랑이 되었다. 2008년 신용회복위원회 위원장에 취임했으며, 2002년부터 지금까지 약 180만 명에게 신용의 중요성을 알리는 교육을 해왔다.

위대한 유산

신뢰는 거울의 유리와 같은 것이다. 금이 가면 원래대로 돌이킬 수 없다.
-헨리 프레데리크 아미엘

개구리를 그릇에 넣고 갑자기 온도를 높이면 뜨거워서 밖으로 금방 튀어나가지만, 천천히 데워주면 온도의 변화를 느끼지 못하고 급기야 그릇 안에서 죽는다고 합니다.

돈이 돈을 벌게 해준다는 말이 있지만, 한편으로는 조그만 빚이 큰 빚을 만드는 법입니다.

우리의 미래인 아이들에게 일찍부터 신용의 중요성을 가르치는 일! 수십억의 재산을 물려주는 일보다 더 큰 유산이 될 수 있습니다.

동행

빨리 가려거든 혼자 가라. 멀리 가려거든 함께 가라. 빨리 가려거든 직선으로 가라. 멀리 가려거든 곡선으로 가라. 외나무가 되려거든 혼자 서라. 푸른 숲이 되려거든 함께 서라.
-인디언 격언

제주의 한 할머니 해녀 이야기를 다룬 TV 다큐 프로그램을 본 적이 있습니다.

여든의 해녀 할머니에게, 왜 100사람 몫을 할 수 있는 '스킨스쿠버' 장비를 사용하지 않느냐고 물었더니 할머니는 이렇게 반문하셨습니다.

"그럼… 나머지 99명은 어떻게 살라고?"

더디게 가더라도 내 옆과 뒤에서 오는 사람과도 손잡고 함께 가라는, 큰 가르침이었습니다.

솔로몬의 지혜

얼굴을 들어 태양을 보라. 그러면 그림자는 뒤로 물러날 것이다. −지그 지글러

유대교의 지혜서 《미드라쉬》 경전에 이런 일화가 있습니다.

다윗 왕이 어느 날 세공장이에게 자신을 기리는 반지를 만들라고 지시했습니다. 그러곤 반지에 절망에 빠졌을 때 좌절하지 않고 용기를 얻을 수 있는 글귀를 새겨 넣으라고 주문했습니다. 세공장이는 솔로몬 왕을 찾아갔고, 그가 써준 글귀가 바로, "이 또한 지나가리라."였습니다.

영원히 지속되는 고통과 불행은 없습니다. 새로운 희망은 반드시 찾아오게 마련입니다.

가족 나들이

다른 무언가가 우리를 변화시킬지도 모르지만, 우리의 시작과 끝에는 언제나 가족이 있다. —앤서니 브란트

 저는 가끔 아내와 북한산을 찾아, 자연이 주는 여유를 맘껏 누립니다. 산행 중 아내와 모처럼 깊은 대화를 나누었는데, 그때만큼은 직장생활이 바쁘다는 핑계로 집에서 잠만 자는 하숙생이 아니라, 가장이자 남편이 된 시간이었습니다.

 별다른 시간과 큰 돈 들이지 않고도 갈 수 있는, 빼어난 경관을 자랑하는 명소가 도시 근교에 많이 있습니다. 가족들과 함께 근교에 나가 대화를 나누면서 서로의 사랑을 확인해보는 것은 어떨까요?

쉽게 보이는 일도 해나가다 보면

생각지도 않은 역경이 가로막게 되는데,

그럴 때… 끝까지 참아내고

해결책을 찾아내고야 마는 힘, 이것이 바로

그 특별한 능력이 아닐까 싶습니다.

공병호 공병호경영연구소 소장

미국 라이스대학에서 경제학 박사학위를 받았다. 일본 나고야대학 객원연구원, 한국경제연구원 연구위원을 거쳐 자유기업원 원장, (주)코아정보시스템 대표를 역임했다. 국내 최고의 변화관리·경제경영 전문가로 평가받고 있으며, 현재 공병호경영연구소 소장을 맡고 있다. 《10년 후, 한국》《공병호의 인생강독》《공병호의 우문현답》 등 80여 권의 저서를 펴냈다.

장애물 넘기

생각해보니 나의 역경은 정말 축복이었습니다. 가난했기에 〈성냥팔이 소녀〉를 쓸 수 있었고, 못생겼다고 놀림을 받았기에 〈미운 오리새끼〉를 쓸 수 있었습니다. -한스 안데르센

이스라엘의 시각장애인 골퍼 조하르 샤론이 있습니다. 캐디는 단지 방향과 거리를 알려주고, 공까지 자신을 이끌어주는 안내견의 도움만으로, 그는 비장애인 선수도 평생 한 번 하기 어렵다는 홀인원을 기록하기도 했습니다.

장애는 다소 불편한 것일 뿐 결코 극복하지 못할 이유가 없다는 사실을 그는 몸소 보여준 것이죠!

지금 당신을 가로막는 장애물은 어떤 것인지요? 어차피 넘어야 한다면… 힘차게 뛰어넘어 목표를 더욱 굳건하게 만드는 기회로 삼아보면 어떨까요?

역경지수

위대한 인간이란 역경을 극복할 줄 아는 동시에 역경을 사랑할 줄 아는 사람이다.
-프리드리히 니체

언젠가 기업 책임자에게 이런 질문을 드렸습니다.
"젊은 친구들과 함께 일할 때, 어떤 점이 가장 아쉽습니까?"

그분의 대답은 이랬습니다. 지능지수 IQ, 감성지수 EQ처럼, '역경지수'라는 걸 사용하는 경우가 많은데, 요즘 친구들은 역경 자체를 받아들이는 점이 많이 부족하다고 합니다.

모든 역경을 '도전과제'로 전환하는 것이야말로 인간이 가진 위대한 힘입니다. 역경을 뚫고 자신만의 이야기를 만드는 일이야말로, 가장 멋있는 작업이 아닐까요?

단순한 진리

행복과 불행은 얼마나 높은 곳에 있느냐, 혹은 얼마나 낮은 곳에 있느냐 하는 것으로 결정되지 않는다. 지금 어디로 향하고 있는가에 따라 결정된다. −새뮤얼 버틀러

작가 괴테는 이런 고백을 했습니다.
"삶이란… 무엇인가를 깨닫기 전에 우리가 서른다섯 살을 넘어버린다는 것이다."

인생의 끝자락에서 얻은 그의 결론은, 행복은 결코 돈을 주고 살 수 없다는 아주 단순한 진리였습니다.

지금 어떤 걸 가지고 있느냐가 아니라, 그것으로 우리가 어떤 일을 하느냐~ 이것이 진정한 가치를 결정짓는 중요한 물음 아닐까요?

특별한 능력

풍향과 파도는 언제나 가장 능력 있는 항해사의 편이다. —에드워드 기번

45년 한방 외길을 걸어온 한 회장은 어려운 시기도 있었을 텐데 어떻게 여기까지 왔냐는 질문에 이런 대답을 했습니다.

"인내심을 발휘해… 경기가 좋아질 때까지 어떻게든 버텨야죠."

세상에는 인내심만 가지고는 안 될 일도 많지만, "어떻게든 버텨야죠."라는 말 속에는 많은 것이 담겨 있습니다.

쉽게 보이는 일도 해나가다 보면 생각지도 않은 역경이 가로막게 되는데, 그럴 때… 끝까지 참아내고 해결책을 찾아내고야 마는 힘, 이것이 바로 그 특별한 능력이 아닐까 싶습니다.

두려움

스스로 할 수 없다고 생각하고 있는 동안은 그것을 하기 싫다고 다짐하고 있는 것이다. 그러므로 그것은 실행되지 않는 것이다. -바루흐 스피노자

미국 32대 대통령인 프랭클린 루스벨트. 그의 명언과 연설은 수없이 인용됐는데, 요즘처럼 경제가 어려울 때 떠올리는 한 마디가 있습니다.

"우리가 가장 두려워할 것은 바로 두려움 그 자체입니다."

현실을 직시하는 것도 중요하지만 막연하게 두려워하지 맙시다. 두려움의 실체를 알고 하나하나 극복하자는 그의 메시지를 다시 한 번 되새겨봅니다.

세상에 하찮은 일은 없습니다.
'작은 것'에 실망하지 않고,
최선을 다하는 것!
그것이 큰일을 해내는
지름길이 아닌가 싶습니다.

정동환 배우

1949년 전북 김제 출생. 극단 동랑레파토리에서 연기를 시작해 1973년 KBS 탤런트로 특채된 후, 연극, TV 드라마, 영화를 오가며 왕성하게 활동해왔다. 최근작 〈레이디 맥베스〉〈침향〉을 비롯해 40년 동안 500여 편의 연극에 출연했다. 특히 2008년 연극 〈고곤의 선물〉에 출연해 그 해 대한민국 연극대상 남자연기상과 2009년 이해랑 연극상을 수상했다.

큰일과 작은 일

아무리 작은 것일지라도 사소한 것은 없다고 생각하라. 작은 것이 산을 세우고, 순간이 한 해를 만든다. 그리고 사소한 일들이 모여 삶을 이룬다. -에드워드 영

제가 처음 연극무대에서 맡은 일은 커튼을 올리고 내리는, 일명 '막잽이' 역할이었습니다.

어느 날, 스승이신 동랑 유치진 선생이 이런 말씀을 해주더군요.
"커튼이 올라가지 않으면 막이 시작될 수 없고, 커튼을 내리지 않으면 막이 끝나질 않는다. 연극을 살리고 죽이는 건 너한테 달려 있다."

세상에 하찮은 일은 없습니다. '작은 것'에 실망하지 않고, 최선을 다하는 것! 그것이 큰일을 해내는 지름길이 아닌가 싶습니다.

인생 무대

과거를 바꿀 수는 없지만, 미래는 여전히 너의 손 안에 있다. ―휴 화이트

　연기를 하다 보면 주연도 하고 조연도 하고, 한 장면 나오고 사라지는 역할을 맡기도 합니다.

　인생은 긴 연극이라고 했습니다. 때로는 아름다운 장면의 주인공으로 행복해 하기도 하고, 때로는 슬픔과 괴로움을 연기하느라 눈물 흘리기도 합니다. 무대는 끊임없이 계속되고, 주연과 조연은 수없이 바뀌는 법이죠.

　지금까지 인생의 무대에서 조연을 맡았다면, 내일은… 당신이 주인공이 되실 겁니다.

100점짜리 개성

인생의 승패는 좋은 카드를 잡고 있는 것이 아니라 손에 쥐고 있는 카드를 어떻게 잘 쓰느냐에 달려 있다. -토머스 머튼

"내가 배우를 할 소질이 있느냐~ 없느냐~"
 연기를 하고 싶어 하는 친구들이 궁금해 하는 건데요, 이런 친구들에게 꼭 해주는 말이 있습니다.
"너니까 가능하다. 너는 100점이다."

 누구는 얼굴이 잘나서 주목을 받고, 누구는 춤과 노래를 잘해서 주목을 받고, 사람마다 개성이 다르고 그 개성은 자신만이 갖고 있는 자산입니다.

 내가 가진 100점의 소질… 어떻게 노력하고 갈고 닦느냐에 따라 최종 점수가 다른 게 아닐까요?

짜릿한 긴장감

행운은 마음의 준비가 되어 있는 사람에게만 미소를 짓는다. −루이 파스퇴르

배우가 무대 뒤의 긴장감으로 24시간을 산다면 심장마비로 죽을 수도 있다고 합니다. 그만큼, 긴장감이 대단하다는 거겠죠.

신인시절, 저도 그런 경험이 있습니다. 무대 뒤에선 이미 기절 상태였는데, 공연이 끝나고 박수 소리에 비로소 제정신이 돌아왔던 아찔한 경험이었습니다. 그때 배운 교훈 하나가 있습니다.
"긴장감이 즐거우려면 완벽한 준비가 돼 있어야 한다."

모든 준비가 다 돼 있는 사람만이 긴장감도 누릴 수 있는 게 아닐까 합니다.

 이상묵 서울대학교 교수

1962년 서울 출생. 미국 MIT에서 해양학으로 박사학위를 받았다. 서울대 지구환경과학부 교수로 재직 중이던 2006년 미국 캘리포니아 공과대학과 공동으로 진행한 야외지질연구 과정에서 차량 전복사고를 당해 전신마비가 되었다. 사고 후 6개월 만에 강단에 복귀해 학자로서 더욱 왕성한 활동을 펼치고 있으며, 장애인 재활 사업에도 적극적으로 참여하고 있다. 2008년 《0.1그램의 희망》을 펴냈다.

현명한 깨달음

사람들은 대부분 힘든 고난이 닥치면 인생을 숭고하게 여긴다. -찰스 스펄전

　저는 전신이 마비되는 큰 교통사고를 입고, 여러 사람의 도움을 받은 다음에야 비로소 깨달은 사실이 있습니다.
'아~ 나도 남을 도우며 살아야겠구나.'
　만약 내가 더 살면, 감사하는 마음으로 베풀며 살아야겠다고 다짐을 했습니다.

　실제로 많은 장애인들이 저와 같은 생각을 하고 장애를 통해 남에 대한 이해심이 더 커진다고 합니다.

　하지만, 정말 현명한 사람은… 사고를 당하거나 자신이 어려움에 처하기 전에 남을 돕겠다는 생각을 실천에 옮기는 사람이 아닐까 싶습니다.

축복

내가 받은 축복을 세어보라. 나에게 주어진 축복이 얼마나 많은지 세어보는 순간부터 인생은 달라진다. —윌리 넬슨

뉴욕 양키스의 선수 루게릭의 이름에서 유래된 '루게릭 병'은 온몸이 서서히 마비가 되어 결국 죽음에 이르는 무서운 병입니다.

병에 걸려 야구를 그만둘 수밖에 없게 된 그는 은퇴를 선언하는 날 눈물을 흘리며 이런 고백을 했습니다.
"오늘 나는 지구상에서 가장 행복한 사람이다."

무서운 병에 걸린 다음에야 비로소 그동안 자신의 삶이 얼마나 축복 받은 삶이었는지 깨달았던 루게릭 선수. 어쩌면 우리도 축복 받은 삶을 살고 있는데, 그것을 깨닫지 못하고 사는 건 아닐까요?

행복의 기준

행복은 자급자족할 수 있는 사람의 것이다. 외부에서 찾은 행복과 즐거움의 원천들은 모두 그 본질상 아주 불확실하고 불안정하고 허무하고 무상하게 변화하는 것이기 때문이다.
-아르투르 쇼펜하우어

얼마 전, 루게릭 병에 걸린 프랑스 할머니를 알게 됐습니다. 저보다 더 힘든 상태인 그분을 보고 이런 말을 전했습니다.

"나는 비록 전신이 마비됐지만, 당신을 보니 내가 얼마나 행복한지 모르겠다."

하지만 그분의 대답은 이랬습니다.

"당신을 보니 내가 행복하다. 젊어서 다친 당신과는 달리, 늙어서 병에 걸렸으니 다행이다."

행복의 조건은 저마다 다를 수 있지만, 영원히 변하지 않는 행복의 기준은 바로 나 자신! 스스로가 만드는 것입니다.

인간다운 삶

도움이 아닌 장애물이, 재능이 아닌 고난이 사람을 만드는 것이라고 아무리 말해도 지나치지 않는다. -윌러엄 매슈스

기원전 5세기 당시, 철학자 소크라테스는 가장 인간답게 사는 문제에 대해 이렇게 말했습니다.

"단순히 좋은 집에 살며 편안하게 사는 게 인간다운 삶은 아니다. 어려움을 이겨내기 위해 부단히 노력하는 것이 훨씬 더 인간다운 삶이다."

저는 이 말을 듣고 제가 입은 장애가 오히려 보다 더 나은 삶을 살 수 있는 기회라고 생각했습니다.

그냥 지나가는 하루는 없다고 하죠? 오늘의 한숨은 더 나은 내일을 만들어줄 거라 믿어봅니다.

다른 사람의 좋은 점,
잘하는 점을 찾아 이야기해주세요.
사람을 겸손하게 만들고,
더욱 잘하게 되는 원동력이 된답니다.

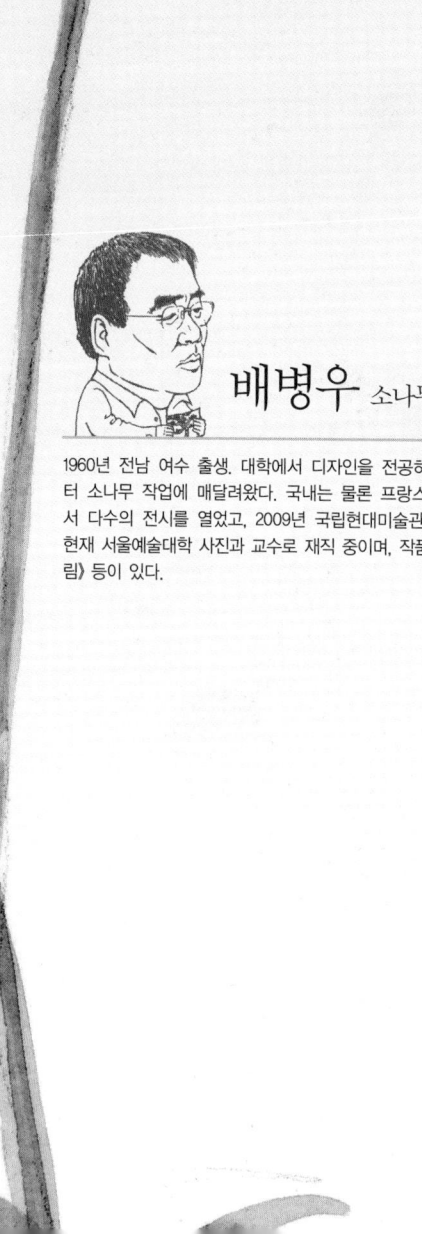

배병우 소나무 사진작가

1960년 전남 여수 출생. 대학에서 디자인을 전공하고 독학으로 사진을 배웠으며, 1984년부터 소나무 작업에 매달려왔다. 국내는 물론 프랑스, 일본, 캐나다, 미국, 스페인, 독일 등에서 다수의 전시를 열었고, 2009년 국립현대미술관, 덕수궁미술관 전시를 성황리에 치렀다. 현재 서울예술대학 사진과 교수로 재직 중이며, 작품집으로 《종묘》《창덕궁》《빛으로 그린 그림》 등이 있다.

카메라로 그린 그림

예술은 있는 그대로의 아름다움을 드러내지 않고는 존재할 수 없다. -윌리엄 블레이크

　사람들은 아름다운 풍경을 만났을 때 "그림 같다"고 말하곤 합니다. 그런데, 사실적으로 잘 그린 그림을 봤을 땐, "사진 같다"는 말로 감동을 드러냅니다.

　역설적이고 변덕스러운 이 두 표현에 공통점이 하나 있습니다. 그것은 바로 '예쁘다'거나 '아름답다'라는 단어보다 훨~씬 강하다는 점입니다.

　그래서 저는 사진을 '붓' 대신 '카메라'로 그린 한 폭의 그림이라 표현합니다.

소나무

> 숲에 와서 소나무가 살아가고, 자라고, 늘 푸른 두 팔을 활짝 벌리고 있는 모습을 보려고 하는 사람들이 그렇게 적다는 사실은 참으로 이상한 일이다. −헨리 데이비드 소로

    소나무는 우리 일상생활과 가장 밀접한 나무입니다. 선인들은 1년 중 달이 가장 원만하게 차오르는 날을 기다려 솔잎으로 떡을 빚고, 소나무 숲 가운데에 정자를 지어 솔잎이 바람에 흔들리면서 내는 파도 소리를 들으며 시를 읊곤 했습니다.

    한국의 산야에 널리 자생하는 소나무! 우리에게 소나무는 그냥 나무가 아닌, 우리 민족의 정서적 근원입니다.

    오늘, 가까운 소나무 숲에 한번 가보지 않으시겠어요?

순간의 눈길

나는 자연이 가장 아름다운 순간에 놀랄 만한 경험을 하게 된다. 그 순간 나는 더 이상 나 자신을 믿을 수 없게 된다. -빈센트 반 고흐

"소나무와 바다를 찍게 된 이유가 무엇이냐?"는 질문에 저는… 부모님 이야기로 답을 합니다.

강건한 소나무는 순천이 고향이었던 아버지를 상징하고, 깊은 바다는 여수가 고향이었던 어머니를 상징하기 때문입니다.

바쁜 일상에서 문득 눈길이 머무는 순간, 그것이 저의 사진이고, 그 사진을 통해 잠깐이나마 평온을 느낄 수 있으면 좋겠습니다.

동심

유년기는 살아가는 동안 계속된다. 그것은 길고 긴 성인기에 활력을 불어넣는다. 시인은 자기 안에 살아 있는 유년기를 발견하는데 그것은 영원히 움직이지 않는 세계다.
-가스통 바슐라르

제 기억 속의 가장 오래된 그림은, 초등학교 2학년 때 교실 뒷벽에 붙어 있던 그림입니다.

큰 나무 밑에 기와집이 납작 엎드려 있고, 멀리 바다가 보이는 소박한 그림이었는데요, 제 작품 세계도 그 그림을 많이 닮아 있습니다.

살면서 실마리를 풀지 못하는 문제가 있다면, 어린 시절로 돌아가보면 어떨까요? 순수한 마음이 사람을 강하고, 올바르며, 총명하게 만들어줄 것입니다.

김수미 배우

1951년 전북 군산 출생. 1970년 MBC 공채 탤런트로 데뷔해 〈전원일기〉에서 일용 엄니 역을 맡으면서 큰 인기를 얻었다. 이후 영화에서 더욱 뚜렷한 활동을 보여 〈위대한 유산〉〈마파도〉〈간 큰가족〉〈흑심모녀〉〈육혈포강도단〉 등에서 '욕쟁이 할머니'를 비롯한 '김수미표' 코믹 연기로 관객을 사로잡았다. 2005년 청룡영화상 인기스타상을 수상했다.

최고의 할머니

다른 사람들이 가지고 있는 미덕들을 칭찬하라. 그러면 그들은 자신들이 가지고 있지 않은 것에 대해 칭찬 받는 것만큼 기뻐할 것이다. ―말콤 포브스

19년 동안 맡았던 '일용엄니'를 그만두고 영화 속에서 다시 할머니 역을 맡았을 때, 참 많은 고민을 했습니다.
'혹시 이미지 변신에 걸림돌이 되는 건 아닐까~'

주저하고 있는데, 누가 이런 말을 해주더군요.
"할머니 역은 역시 김수미가 맡아야 감칠맛이 나지."
그 말에… 할머니 역할은 내가 최고다~ 하며 더욱더 노력한 기억이 있습니다.

다른 사람의 좋은 점, 잘하는 점을 찾아 이야기해주세요. 사람을 겸손하게 만들고, 더욱 잘하게 되는 원동력이 된답니다.

내려놓음

마음에 두었다가 슬퍼하는 것보다 놓아버리고 미소 짓는 편이 낫다. －크리스티나 로제티

감사하게도 저는 연기자로서 받을 만한 행복한 상은 다 받았지만, 한때 저에게도 남들이 모를 위기가 있었어요. 그때 외딴 곳에서 혼자 지내며 머리를 식히는 시간을 가졌는데요.

어느 날… 커피를 끓이다 그만, 엉엉 운 적이 있습니다. 이유는, 너무 행복해서였어요. 사람은 참으로 단순한 것에 행복해진다고 하죠? 그 순간 제 마음을 짓누르던 고민이 사라지고, 마음의 빗장이 열렸던 거죠.

때론 불행이나 실패, 고민을 담담하게 내려놓아보세요. 인생의 걸림돌들이 디딤돌로 바뀌는 순간이 되지 않을까 싶습니다.

불완전한 행복

완벽하려고 애쓰지 마라. 괴로운 완벽보다 즐거운 불완전을 택하라.
-마르코 폰 뮌히하우젠

완벽하지 않으면 참을 수 없어 하는 사람이 있죠? 연기자들 중에도 이런 성격을 가진 친구들이 많은데요. 뭐~ 욕심을 내서 최선을 다하는 건 좋지만, 마음대로 되지 않았을 때… 자신을 너무 심하게 책망하는 것도 문제가 아닐까 싶습니다.

완벽한 사람이란 존재하지 않고, 오히려 불완전하기 때문에 노력을 기울이는 게 중요한 거겠죠?

저는 아직도 배울 게 많고~ 먹고 싶은 게 남아 있고, 또 적당히 배가 고플 때가 더 행복한데, 여러분은 어떠신가요?

인생 악보 연주

세월을 거듭하는 것만으로 사람은 늙지 않는다. 이상을 잃었을 때 비로소 늙게 된다. 세월이 흐르면 피부에 주름살이 생기지만 정열을 잃을 때는 영혼에 주름살이 생긴다.
-새뮤얼 울만

"여자 나이 오십이면, 북풍이런가~" 하는 시 구절이 있습니다. 한때 저도 여자 나이 오십이 주는, 벼랑 끝에 서 있는 듯한 느낌에 우울한 적이 있었는데요.

생각해보면 인생은… 악보 같은 게 아닐까 싶어요. 고음도 있고 저음도 있고~ 섬세한 바이올린 같은 악기가 있으면, 정신 번쩍! 들게 하는 심벌즈도 있고~ 삶 역시 이런 조화가 있어야 아름다울 수 있으니까요.

지나간 세월에 한숨짓기보다는, 아직 흘러가지 않은, 남은 세월을 뜨겁게 연주해보면 어떨까요?

모든 '열정'은 자신에게서 나옵니다.

어떤 일이든 열정만으로 90퍼센트의

문제를 해결할 수 있습니다.

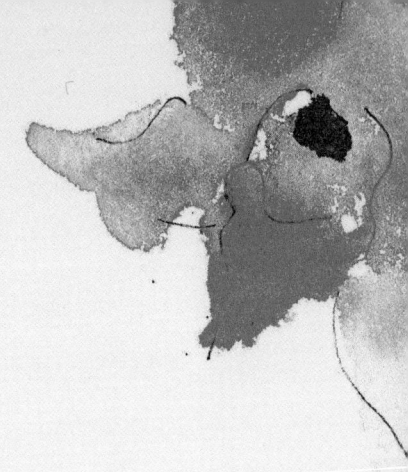

금난새 유라시안 필하모닉 오케스트라 지휘자

1947년 부산 출생. 베를린 국립음대에서 라벤슈타인에게 사사했다. KBS 교향악단, 수원시립교향악단, 경기 필하모닉 오케스트라 지휘자를 역임했으며, '청소년 음악회' '찾아가는 음악회' 등을 통해 클래식 대중화에 앞장서왔다. 현재 1998년 창단한 최초의 벤처 오케스트라 유라시안 필의 CEO 겸 음악감독, 인천시향 예술감독을 맡고 있다.

자극

실패는 일종의 교육이다. 사고할 줄 아는 사람은 성공에서나 실패에서나 많은 것을 배운다. −존 듀이

   중학교 1학년 영어시간… 저는 알파벳을 끝까지 쓰지 못하는 학생이었습니다. 그때의 충격으로 밤샘 노력 끝에 1학년 말, 교내 영어웅변대회에서 1등을 했습니다.

   당장의 성적이 좋지 않아도 용기를 잃지 않는 것이 중요합니다. 실패는 그것으로 전부가 아닙니다. 오히려 그 일을 계기로 자극을 받아 더 좋은 발전을 가져올 수 있으니까요.

감수성 열기

아름다움을 발견하고 즐겨라. 약간의 심미적 추구를 게을리 하지 마라. 음악을 사랑하고 책을 즐기고 자연의 아름다움을 만끽하는 것이 좋다. −윌리엄 셰익스피어

제가 지휘자가 되겠다고 결심한 계기는 열네 살 때, 세계적인 지휘자 번스타인의 공연을 보고 감동을 받았기 때문입니다.

그 감동의 영향이 얼마나 큰지를 잘 알기에, 저는 '청소년 음악회'를 기획하고 16년간 이끌어왔습니다.

학창시절의 감수성은 돈으로도 살 수 없는 귀중한 경험입니다. 음악이든, 책이든, 사람이든, 감동 받을 수 있는 기회를 많이 열어주세요.

환희의 주인

고난의 시기에 동요하지 않는 것, 이것이야말로 진실로 탁월한 인물이라는 증거다.
-루드비히 판 베토벤

제가 존경하는 인물은 작곡가 베토벤입니다. 누구나 아는 일화지만, 베토벤은 귀가 들리지 않는 어려운 환경에서도 훌륭한 작품으로 후대 사람들에게 깊은 감명을 주었습니다.

"벌이 조금 쏘았다 하더라도 질주하고 있는 사나운 말을 멈추게 할 수는 없다."고 말한 베토벤!

가장 뛰어난 사람은 고뇌를 통해 환희를 차지한다는 그의 말을 새겨봅니다.

열정

그대 마음속에 식지 않는 열정을 지녀라. 비로소 그때 당신의 인생은 빛날 것이다.
-요한 볼프강 폰 괴테

기존 오케스트라의 개념을 깨고 찾아가는 음악회를 선보였을 때, 힘들지 않느냐는 질문을 많이 받았습니다.

사실 힘이 들 때가 많이 있습니다. 하지만 제가 좋아하는 일을 하니, 힘들어도 할 수 있는 에너지가 생기더군요.

모든 '열정'은 자신에게서 나옵니다. 어떤 일이든 열정만으로 90퍼센트의 문제를 해결할 수 있습니다.

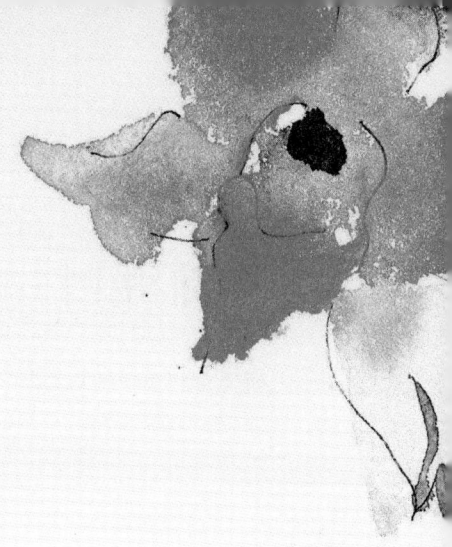

김중만 사진작가

1954년 강원 철원 출생. 1975년 프랑스에서 데뷔해 1977년 프랑스 ARLES 국제사진페스티벌 '젊은 작가상'을 받았고, 프랑스 '오늘의 사진' 최연소 작가로 선정되었다. 1979년 귀국하여 〈사진은 사진이다〉 〈아프리카 여정〉 등의 전시회를 열었고, 한국예술종합학교 영상원에서 사진학을 강의했으며, 《NEOLOOK》 편집인을 지냈다. 현재 스튜디오 벨벳언더그라운드를 운영하며 예술사진에 전념하고 있다.

절제의 미

자연은 신이 만든 건축이며, 인간의 건축은 그것을 배워야 한다. －안토니오 가우디

안동에는 병산서원이 있습니다. 건축을 하는 사람들이 가장 먼저 찾는다는 곳입니다. 카메라를 들고 '만대루'라는 곳에 섰을 때, 이 고귀한 숨결을 어떻게 담아낼 수 있을까, 커다란 숙제를 떠안은 학생이 된 기분이었습니다.

우리 조상들은 자연을 거스르지 않았습니다. 자연스럽기 위해 기교를 줄였지만, 결코 아름다움은 줄지 않았습니다.

강줄기가 그대로 서원의 마당이 되는 곳, 병산서원…. 시대와 공간을 뛰어넘어 감동을 주는, 작품 같은 곳입니다.

꿈의 길

인간의 삶이 시작되는 것과 동시에 꿈도 시작된다.　-가스통 바슐라르

"문경새재는 웬 고갠고~ 구부야 구부구부가 눈물이 난다."
남도민요 〈진도 아리랑〉의 한 대목이죠.

평생 살아가면서 단 한 번 넘을 기회가 없었을 법한 고개… 어떤 이는 과거 급제를 위해 넘고, 어떤 이는 거부의 꿈을 안고 전국을 누비기 위해 넘고, 그렇게 다양한 꿈을 품고 새도 넘기 힘든 고개를 넘습니다.

한 걸음 한 걸음 고된 발걸음이지만… 문경의 옛 지명인 '문희'처럼, 기쁜 소식을 듣게 되는 이 길을 저는 '꿈의 길'이라고 불러봅니다.

그리운 풍경

자연은 우리에게 걷기 위한 다리를 준 것과 마찬가지로 인생에 대한 지혜도 주었다.
—미셸 몽테뉴

해외에 몇 달 있는 동안 가슴 시릴 만큼 그리웠던 곳이 있습니다. 광활한 대자연도 아닌, 경북 영주의 '부석사'입니다.

혼자여서 외로웠고 혼자여서 행복했던 그 풍경을 떠올리며, 그리운 건 사람만이 아니구나~ 싶었습니다.

교만해지지 말자, 나태해지지 말자, 자연 앞에서 다짐했던 순간들이 있습니다. 여러분도 한 번쯤 떠나보세요. 때론 풍경들이 삶의 해답을 줄 때가 있습니다.

자연의 품

내가 기억하는 한, 자연은 내게 위안과 영감, 모험과 기쁨의 근원이었고, 고향이고 스승이고 친구였다. −로레인 앤더슨

한 산악인은 인간이 문명 속에서 배우는 것보다 자연 속에서 더 많이 배울 수 있다고 전했습니다. 그렇기에 정복을 했다 하지 않고, 자연이 허락을 했다고 표현을 하겠지요?

렌즈를 통해 본 자연도 그랬습니다. 내가 자연을 찍는 것이 아니라, 자연이 나를 품고 있구나, 느끼게 됩니다.

한 권의 책이 인생을 바꾸고 한 마디의 조언이 희망을 품게 하듯, 자연만큼 훌륭한 교과서도 없습니다.

갈수록 척박하고 살기 힘든

세상이라고 하지만,

세상을 선하게 바라보고

착하게 살기 위해 애쓰는

사람들은 있습니다.

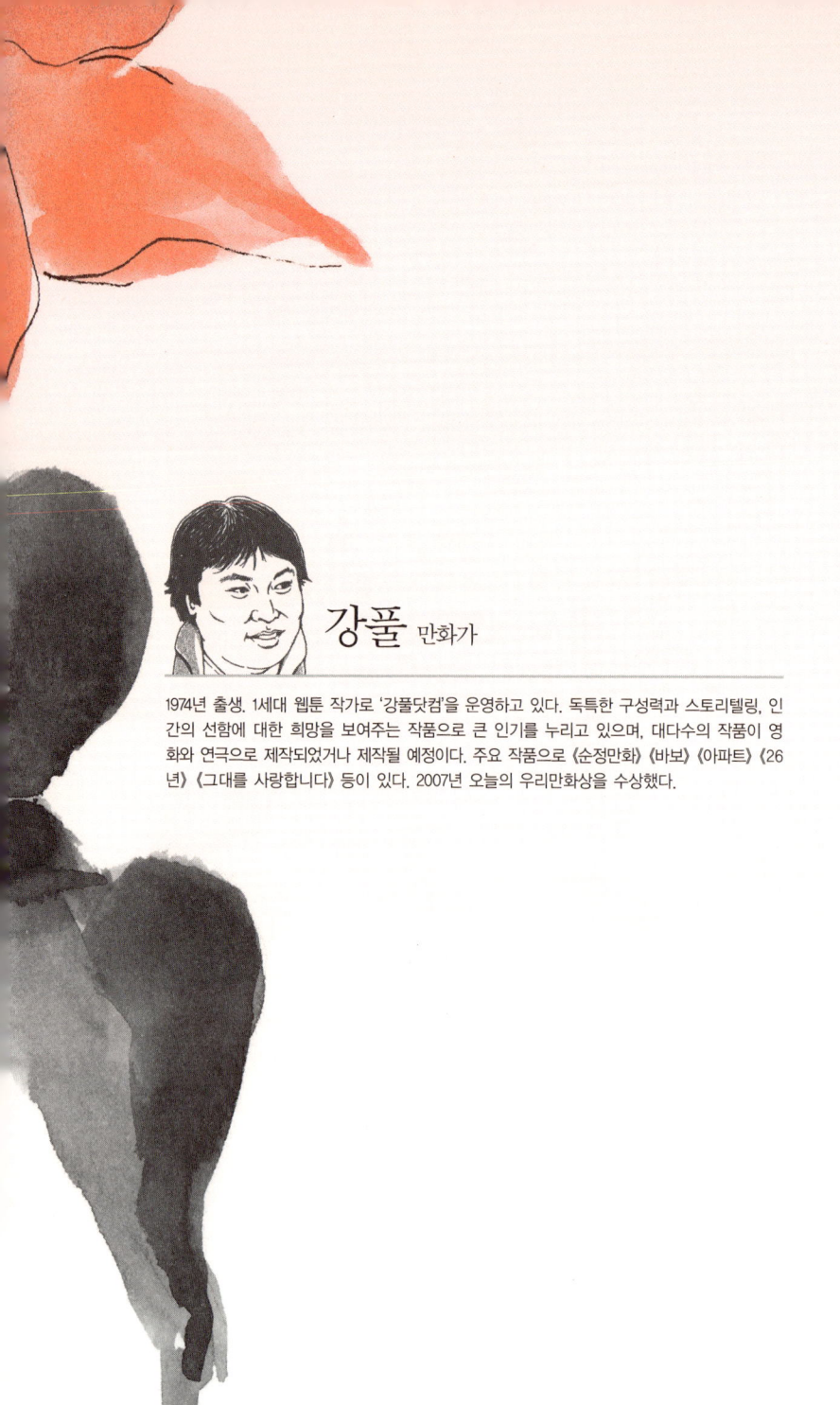

강풀 만화가

1974년 출생. 1세대 웹툰 작가로 '강풀닷컴'을 운영하고 있다. 독특한 구성력과 스토리텔링, 인간의 선함에 대한 희망을 보여주는 작품으로 큰 인기를 누리고 있으며, 대다수의 작품이 영화와 연극으로 제작되었거나 제작될 예정이다. 주요 작품으로 《순정만화》《바보》《아파트》《26년》《그대를 사랑합니다》 등이 있다. 2007년 오늘의 우리만화상을 수상했다.

사랑의 축복

이 지구상의 음악 중 하늘 저 멀리까지 울려 퍼지는 음악은 진심으로 사랑하는 마음의 고동 소리다. −헨리 워드 비처

가족 없이 홀로 살아가는 '송이쁜 할머니'와 아내를 잃은 고집불통 '김만석 할아버지'는 서로로 인해 평생 처음으로 행복을 느낍니다.

할머니는 할아버지를 위해 가죽점퍼를 사주고 싶어 하지만, 돈이 부족해 장갑으로 대신하고 내내 미안해 합니다. 장갑을 선물받고 아이처럼 좋아하는 할아버지는 동네방네 자랑하기에 바쁩니다.

두 분을 그리면서, 못해준 것만 생각나는 것이 사랑이구나, 작은 것에도 천하를 얻는 기쁨을 주는 것이 사랑이구나, 진실로 누군가를 사랑한다는 건 축복이란 생각을 했습니다.

할머니의 웃음

사람은 나이를 먹는 것이 아니라 좋은 포도주처럼 익어가는 것이다. −웬들 필립스

저는 할머니의 정을 모르고 자랐습니다. 몇 년 전, 할머니와 함께 살면서부터 저는 할머니를 통해 새로운 눈을 뜨게 됐습니다.

젊답시고 이래저래 옳다고 떠들며 고집을 피웠던 것들이 할머니의 넉넉한 웃음 한 번에 의미가 무색해질 때가 많았습니다.

세월을 보내고 계신 것이 아니라 세월을 살고 계셨던 할머니… 저는 그런 할머니가 참 좋습니다.

성선설

인간의 본성은 본디 선하나 속세와 접하며 어두워진다. 그러니 정화를 해야만 타고난 맑은 본성이 돋보일 수 있다. -역경

저는 인간의 성품이 본래부터 선한 것이라고 보는, '성선설'을 믿습니다. 그래서 제 만화 속에 등장하는 인물들은 모두, 심지어 귀신마저도 '알고 보면 모두 선한 존재'로 그려집니다.

갈수록 척박하고 살기 힘든 세상이라고 하지만, 세상을 선하게 바라보고 착하게 살기 위해 애쓰는 사람들은 있습니다.

인간의 가장 원초적인 믿음인 성선설을 증명해주는, 선하고 아름다운 사람이 더 많아졌으면 좋겠습니다.

사람답게 사는 세상

겁은 적게, 희망은 많게. 먹는 것은 적게, 씹는 것은 많이. 투정은 적게, 호흡은 많이. 수다는 적게, 대화는 많이. 사랑은 더 많이. 이렇게 살면 모든 선한 것들이 네 것이 될 것이다. —스웨덴 격언

사람은 다른 사람에게 상처를 주기도 하지만, 그 마음의 상처를 낫게 하는 것도 역시 사람밖에 없다고 하지요? 저는 만화를 그릴 때 '사람이 먼저'라는 생각으로 이야기를 만들어냅니다.

가슴이 따뜻한 사람, 그래서 눈물 흘릴 줄도 아는 사람. 부드럽고 선한 마음의 사람, 불의 앞에선 무서운 호랑이도 되는 사람….

사람답게 사는 것이 생각처럼 쉽지는 않지만 오늘도 사람답게 사는 세상을 그려봅니다.

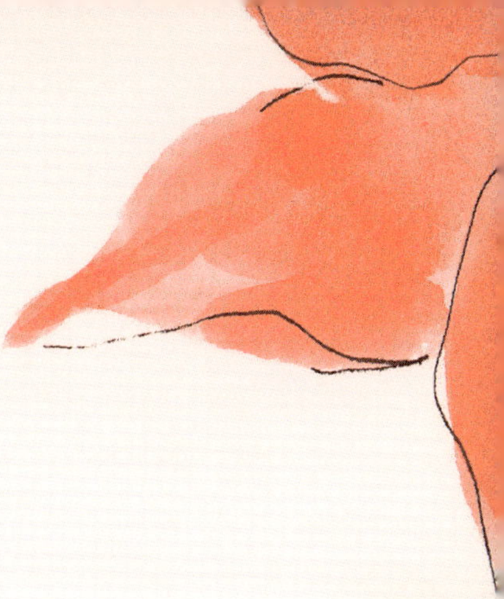

 이충렬 영화감독

1966년 전남 영암 출생. 다수의 애니메이션 작업을 해왔고, 1993년부터 독립 프로덕션에서 음식, 여행 등 방송 다큐멘터리를 만들었다. 첫 장편 다큐멘터리 〈워낭소리〉로 한국 최초로 선댄스 영화제 월드다큐멘터리 경쟁부문에 진출했으며, 독립영화로는 유례가 없는 300만 관객동원 기록을 세웠다. 2009년 백상예술대상 영화부문 신인감독상을 수상했다.

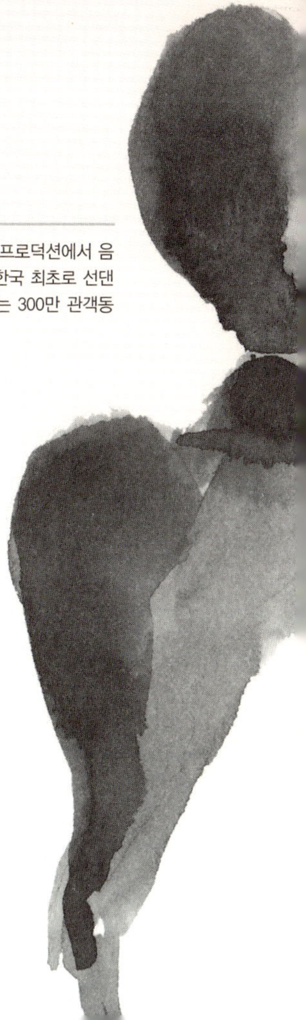

사랑의 이름

부모의 사랑은 내려갈 뿐이고 올라오는 법이 없다. 사랑이란 내리사랑이므로 자식에 대한 부모의 사랑은 자식의 부모에 대한 사랑을 능가한다. —클로드 엘베시우스

저희 아버지도 소를 키우는 농부셨습니다. 그런 아버지를 모시고 〈워낭소리〉를 보았습니다. 지루해 하시는 건 아닐까~ 조마조마했는데… 웃으셨습니다… 마음에 드신 모양입니다.

영화가 끝나고 아버지는 주머니에서 뭔가를 꺼내시더군요. 오랫동안 모으셨을, 꼬깃꼬깃 접힌 돈이었습니다.
"고생했다. 영화 같이 찍은 사람들 밥이라도 사라."

그렇게 주시고도 언제나 주시려고 하는 아버지. 제가 어떤 영화를 만들어도 차마 담지 못할, 사랑의 이름입니다.

할아버지와 소

진정한 애정은 수수께끼 같고, 신비로우며 불가사의한 것들의 집합체다. 그 안에서는 두 개의 집합체가 하나가 된다. —토머스 브라운

제 영화에 나오는 할아버지는 참, 무뚝뚝하십니다. 소가 1년밖에 못 산다는 수의사의 말에도 "안 그래." 한 마디면 끝. 소를 팔라는 9남매와 마나님의 성화에도 "안 팔아." 한 마디면 끝.

영화 속 소는 또 어떤가요. 장맛비에 우사가 폭삭 주저앉아도 주인이 깰까 음메~ 소리 한 번 내지 않는 놈입니다.

그런데 그 둘의 눈이 서로를 바라보는 순간, 세상의 어떤 사랑 고백도 따라갈 수 없는 사랑이 담겨 있었습니다.

소걸음

나는 느리게 가는 사람입니다. 하지만 뒤로 가지는 않습니다. -에이브러햄 링컨

    늘 바쁘고 급한 요즘 세상과 달리, 제 영화는 한없이 느린 영화입니다. 5년 동안 전국을 헤매며 할아버지와 소를 찾고, 또 3년 동안 함께하며 그 할아버지와 소를 찍고, 1년 동안 편집하고, 그야말로 소걸음으로 느릿느릿 걸어온 영화입니다

    하지만 그 느림 덕에 고향의 사계절을 담고, 할아버지와 소의 속 깊은 진심도 느낄 수 있었습니다.

    그들의 삶은 느리지만, 정직하게 목표에 도달하는 삶의 가치를 배워봅니다.

태산 같은 사랑

사랑이 많은 기적을 낳지 않았다면 사람들은 사랑을 신성하게 여기지 않았을 것이다.
-아베 프레보

　소의 수명은 평균 15년이라고 합니다. 그런데, 영화 속 할아버지의 소는, 마흔을 살았습니다.

　할아버지는 혹시나 소가 농약 묻은 풀을 먹게 될까 봐 절대 농약을 치지 않고, 사료도 없이 꼴을 베고, 야채를 썰어 쇠죽을 끓이십니다. 한쪽 다리가 불편하시지만 소 먹일 풀을 베러 매일 산에 오르십니다.

　그 마음이 15년 산다는 소를 마흔까지 살아 있게 했습니다. 세상엔 말로 하지 않은 사랑이 더 많은 것 같습니다.

책 읽는 시간이 없다면,

시간을 따로 낼 게 아니라,

어디서나 잠깐씩이라도 펼쳐볼 수 있게

책을 가까이에 두세요.

꼭 무엇을 얻어내야 되겠다 생각하기보다,

친구처럼 내 곁에 두는 거죠.

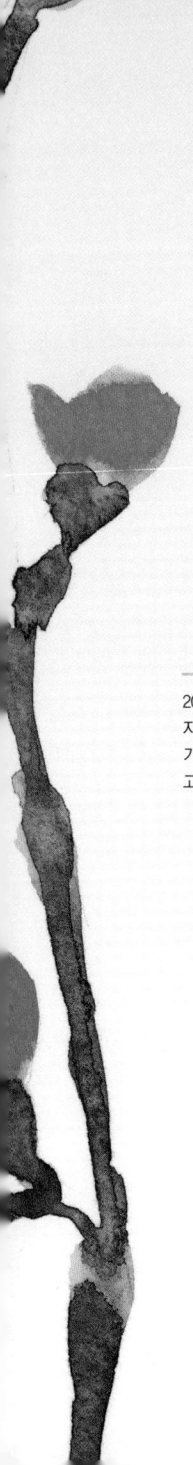

서희경 KLPGA 선수

2005년 KLPGA에 입회한 뒤 2008년부터 2년간 11승을 거두는 놀라운 성과를 이뤘다. 한국여자프로골프(KLPGA)투어의 '간판스타'라는 닉네임에 걸맞게, 미국여자프로골프(LPGA)투어에서 기아클래식 우승으로 퀄리파잉(Q) 스쿨을 거치지 않고 정규 투어에 직행한 '신데렐라'가 되었고, LPGA 주목할 유망주에 선정됐다.

베스트 샷

어제 맨 끈은 오늘 허술해지기 쉽고, 내일은 풀어지기 쉽다. 사람도 결심한 바를 나날이 여미어야 한다. -디오게네스

처음 골프를 시작하는 분들의 결점 가운데는 이런 것이 있습니다.

"좋아하는 샷만을 연습하고 싫어하는 샷은 연습하지 않는다."

사실, 학창시절에도 그랬습니다. 좋아하는 과목만 공부하게 되고, 싫어하는 과목은 왠지 하기 싫고…. 결국 성적은 엉망이 되고 마는 거죠.

골프도 마찬가지입니다. 몇 배의 노력이 있어야만 '싫어하는 샷'이 '베스트 샷'이 될 수 있습니다.

패배

성급함 때문에 당하는 큰 손해 중 하나는 우습게도 무척 많은 시간이 걸린다는 것이다.
-길버트 체스터턴

불과 일주일 전에 우승을 한 선수가 다음 경기에선 순위에도 들지 못하는 경우를 종종 보게 됩니다. "어떻게 저럴 수 있지?" 하면서 지켜보시는 분들은 의아해하기 마련입니다.

이것이 바로, 골프의 세계입니다. 아무리 위대한 선수라 할지라도 여러 차례 패하는 것이 골프입니다.

하지만 이는 모든 분야가 마찬가지가 아닐까요? 실패를 거울삼아 노력하는 사람만이 미래를 준비하는 성공하는 사람이 될 수 있습니다.

나만의 룰

작은 행동의 실천은 원대한 행동 계획보다 더 낫다.
-피터 마셜

골프 경기에서 실력만큼이나 중요한 것이 바로 '골프 룰'입니다. 아무리 뛰어난 선수라 하더라도 '골프 룰'을 제대로 알지 못한다면 본의 아니게 피해를 입는 경우가 종종 있습니다.

'골프 룰'처럼 자신에게도 철저한 '나만의 룰'을 만들어보면 어떨까요? 그 룰을 지키지 않는다고 해서 누가 탓하지는 않겠지만, 스스로가 심판하고 지킨다면, 1년 뒤에는 훨씬 강해진 나를 발견할 수 있을 것입니다.

바람

사람을 강하게 만드는 것은 사람이 하는 일이 아니라, 하고자 노력하는 것이다.
−어니스트 헤밍웨이

경기를 치를 때 '바람'은 가장 큰 경계 대상입니다. 클럽 선택도 신중해지고, 바람의 미묘한 변화에 따라 공의 방향이 달라지는 변수가 생기기 때문입니다.

그렇다고 바람을 두려움의 대상으로만 생각해서는 안 되겠죠? '바람은 훌륭한 교사이다. 골퍼의 장점과 단점을 극명하게 가르쳐 주기 때문이다'는 말이 있습니다.

삶의 어려움도 바람 같은 존재가 아닐까요? 비록 방해를 하기도 하지만, 이겨내면 실력을 더욱 향상시켜주는, 고마운 존재니까요.

 신경숙 작가

1963년 전북 정읍 출생. 《문예중앙》 신인문학상을 받으며 작품활동을 시작하여 《풍금이 있던 자리》 《깊은 슬픔》 《외딴방》 등을 출간하며 '신경숙 신드롬'을 일으켰다. 최근에는 밀리언셀러를 기록한 《엄마를 부탁해》를 비롯해 《어디선가 나를 찾는 전화벨이 울리고》 등의 장편소설로 한국문학의 대표작가로 많은 사랑을 받고 있다. 현대문학상, 동인문학상, 이상문학상 등을 수상했다.

엄마를 부탁해

자녀들에게 어머니보다 더 훌륭한, 하늘로부터 받은 선물은 없다. -에우리피데스

"너의 엄마에게도 첫걸음을 뗄 때가 있었다거나, 세 살 때가 있었다거나, 열두 살, 혹은 스무 살이 있었다는 것을 상상해본 적이 없었다. 너는 처음부터 엄마를 엄마로만 여겼다."
《엄마를 부탁해》의 한 구절입니다.

엄.마. 짧은 두 글자에, 그토록 많은 이야기를 담고 있는 단어가 또 있을까요?

엄마의 손만 잡고 있어도 든든했던 시절이 있었습니다. 행여 놓칠세라, 작디작은 손으로 힘주어 잡았습니다. 다시 한 번 엄마의 손을 잡아보세요. 그 기분, 이제는 어머니가 느끼실 거예요.

책과 친구하기

책 읽기는 아무것도 섞이지 않은 유일한 즐거움이다. 모든 쾌락이 시들어도 이것은 지속된다. —클리프턴 패디먼

책을 읽지 않는 이유로 가장 많이 하는 대답이, 시간이 없어서라고 하지요?

책 읽는 시간이 없다면, 시간을 따로 낼 게 아니라, 어디서나 잠깐씩이라도 펼쳐볼 수 있게 책을 가까이에 두세요. 꼭 무엇을 얻어내야 되겠다 생각하기보다, 친구처럼 내 곁에 두는 거죠.

시간이 흐르면, 다른 사람과 자신을 비교하지 않고 스스로를 사랑하게 되는 것… 저에게 책이 주는 힘입니다.

마음 채우기

창의적인 아이디어를 구한다면 밖으로 나가 걸어라. 천사들은 산책을 나가는 인간에게 속삭인다. —레이먼드 인먼

가만히 창문 밖을 쳐다만 봐도, 어디론가 떠나고 싶은 날이 있으신가요? 혹시 일이 손에 잡히지 않으세요?

저 역시 원고가 써지지 않을 때가 있습니다. 매일 하던 일인데도 뭔가 엉킨 실타래 같은 기분이 들 때가 있어요.

그럴 때 저는 등산을 합니다. 일부러 힘든 코스를 택하는데, 산을 오르다 보면 눈에 보이지 않던 것들이 보입니다. 나무에 물이 오르는 것, 꽃망울이 터지는 것… 이런 것들을 보고 있으면 텅 빈 마음이 채워지지요.

나만의 책

얼굴이 잘생기고 못생긴 것은 운명 탓이나, 독서나 독서의 힘은 노력으로 갖추어질 수 있다. -윌리엄 셰익스피어

　음악을 많이 아는 친구에게 좋은 음악을 추천해달라고 하면, 많이 들어서 스스로 선택하라고 합니다.

　책 역시 마찬가집니다. 좋은 책을 추천해달라는 부탁을 받곤 하는데, 사실, 스스로 많이 읽어보고 자기만의 책을 만드는 것이 가장 좋은 방법이지요.

　누구에겐 맛있는 음식도 어떤 사람에겐 형편없는 음식일 수 있습니다. 책 역시… 그저 많이 읽어보는 수밖에 없네요.

누군가 힘들어 한다면,

따뜻하게 그의 손을 잡아주세요.

차가운 손도 맞잡아주면…

두 사람의 손이 함께 따뜻해집니다.

노희경 드라마 작가

1966년 출생. 1995년 MBC 베스트극장 〈세리와 수지〉로 데뷔하여 〈세상에서 가장 아름다운 이별〉〈거짓말〉로 마니아를 형성했다. 이후 〈우리가 정말 사랑했을까〉〈바보 같은 사랑〉〈화려한 시절〉〈꽃보다 아름다워〉〈굿바이 솔로〉〈그들이 사는 세상〉 등에서 인간과 사랑에 대한 따뜻한 성찰을 보여주었다. 2008년 에세이집 《지금 사랑하지 않는 자, 모두 유죄》를 펴냈다.

따뜻한 소통

서로가 고통을 덜어주지 않는다면 우리는 무엇을 위해 사는 것일까. —조지 엘리엇

사람은 누구나 주변 사람들에게 좋은 모습으로 각인되고 싶어 하고, 또 그렇기 때문에 치부 드러내기를 꺼려 합니다.

"가까우면 타 죽고, 너무 멀면 추워 죽는다"라는 말이 있습니다. 저 역시 나름의 원칙에 따라 사람들과 적당한 거리조절을 하며 살아왔지만, 가끔은… 모든 방패막이를 내려두고 진심으로 소통하고 싶어질 때가 있습니다.

누군가 힘들어 한다면, 따뜻하게 그의 손을 잡아주세요. 차가운 손도 맞잡아주면… 두 사람의 손이 함께 따뜻해집니다.

어른 되기

자신을 깨달았을 때 비로소 남의 마음도 이해하게 된다. −에릭 호퍼

기분 나빴던 말 한 마디에 상대방을 비난하며 물고 늘어진 적이 있습니다. 서운했던 기억만을 꾹꾹 눌러 담아 마음속 한구석에 지옥을 만들기도 합니다.

하지만 돌이켜보면 상처를 받기만 했던 나 역시도 때론 얄미운 가해자였음을 알게 됩니다.

어른으로 산다는 것, 어른이 된다는 건, '상처 받았다는 입장'에서 '상처 주었다는 입장'으로 가는 게 아닐까요? 상처 준 걸 알아챌 때… 우리는 비로소 어른이 됩니다.

작가의 길

세계를 파악하는 방법은 명상이 아니라 바로 실천이다. 눈보다 중요한 것은 손이다. 손은 마음의 칼이다. -야코프 브로노프스키

작가협회 교육원에 첫발을 내딛던 때가 생각납니다. 칠판에 쓰여 있던 "드라마는 인간이다"라는 명제를 몇 번이고 동그라미 치며 입으로 외웠습니다.

전… 작가는 누구나 될 수 있다고 말합니다. 작가 되기는 어렵지 않지만, 정말 하고자 하는 마음이 있으면 매일 써야 한다고 강조합니다.

쓰면 완성할 확률이 높아지고 고민만 하면 머리만 아픈 법, 작가의 길에도 '인과응보'는 확실합니다.

좋은 세상 만들기

만약 한 사람이 최고의 사랑을 성취한다면, 그것은 수백만의 미움을 해소하기에 충분하다.
-마하트마 간디

드라마 속에서 배우 나문희 선생님이 무릎을 꿇는 장면이 있었습니다. 대본에도 없던 상황이었는데 왜 그러셨냐고 물으니, '시청자에 대한 감사한 마음'에 그랬다고 합니다.

시청자를 향해 무릎을 꿇었다는 배우의 말에, 가슴이 먹먹해지기도 했습니다.

드라마를 하다 보면 작가보다 더 성실한 배우와 연출에 대한 고마움이 큽니다. 작가로서 받기만 한 사랑을 생각에 머무르지 않고 실천해 좋은 세상을 만들어갔으면 좋겠습니다.

이봉주 마라토너

1970년 충남 천안 출생. 고등학교 때 육상 장거리에 입문하여 1990년 서울시청에 입단하면서 본격적으로 마라톤 인생을 시작했으며, 이후 코오롱, 삼성전자에서 활동했다. 1996년 애틀랜타 올림픽 준우승, 2001년 보스턴마라톤 우승, 2007년 서울국제마라톤 우승을 일궈냈다. 타고난 성실함과 노력으로 20년간 풀코스 41번 완주라는 대기록을 세우고 2009년 은퇴했다.

늦깎이

당신이 원하는 모습이 되기에 너무 늦은 때란 없다. −조지 엘리엇

'달리기'가 제 삶을 차지하기까지는 많은 세월이 흘러야 했습니다. 그래서 얻은 별명이 '늦깎이 마라토너'입니다. 축구도 하고 싶었고, 복싱, 태권도도 하고 싶었지만, 가난이 길을 막았습니다.

천안시내 학교대항전에서 생애 처음 1등을 했습니다. 전국체전에서 처음 풀코스를 뛰었습니다. 정식 육상선수 등록은 스무 살에 했습니다.

출발이 아무리 늦더라도, 중요한 것은 출발 그 자체입니다.

일급 비결

시련에 굴복하지 않고, 목표를 이루기 위해 끝까지 최선을 다하는 것이야말로 인생의 묘미가 아니겠는가. ―윌리엄 서머싯 몸

그동안 사람들이 달리기의 비결이나 노하우를 물을 때마다 제 대답은 늘 똑같았습니다.
"그냥 뭐~ 노력하는 거죠."

제가 도전하는 대상은 경쟁 선수가 아닌 '기록'입니다. 우승을 하면 다음 경기에서 더 좋은 실력을 내기 위해 도전을 했고, 결과가 나쁘면 만회하기 위해 도전했습니다.

진정한 '승리'란 최선을 다하는 것입니다. 설령 패배를 한다 해도 그 안에서 배울 수가 있습니다.

첫 꿈

꿈은 당신을 버리지 않는다. 당신이 먼저 외면하기 전에는. −길버트 체스터턴

많은 대회 중 가장 기억에 남는 경기는 1996년 애틀랜타 올림픽입니다.

제 어릴 적 꿈은 '국가대표'로 올림픽 무대에 출전해, 금메달을 따는 것이었습니다. 비록 3초 차이로 금메달을 놓쳤지만, 그때의 흥분과 희열은 제가 선수 생활을 계속하게 만든 힘이었습니다.

하는 일이 잘 되지 않아 속상할 때… 처음 가졌던 꿈을 떠올려보세요. 그때보다 더~ 멋지게 변한 자신을 발견하실 겁니다.

노력가

굳은 인내와 노력이 없었던 천재는 이 세상에 존재하지 않았다. −아이작 뉴턴

짝발, 평발, 오른쪽으로 기운 몸… 마라톤을 하기에 저는 강점보다 약점이 많았습니다. 하지만, 저는 한 번도 이런 것을 의식한 적이 없습니다. 마라톤이라는 종목은 '천재성'보다 '후천적'인 노력에 의해 완성된다고 믿었기 때문입니다.

오직 노력밖에 없다고 믿었기에, 다른 사람보다 조금 더 뛰었습니다. 진실된 노력은 배신하지 않는다! 어디서나 통하는 진리 아닐까요?

주부가 찌개를 끓여도 창조적으로

해야 하는 시대입니다.

직장에선 창조적 인재를 찾습니다.

누구도 흉내 낼 수 없는,

새로운 걸 만들어내야 하는 시대,

이제는 창조만이 살길입니다.

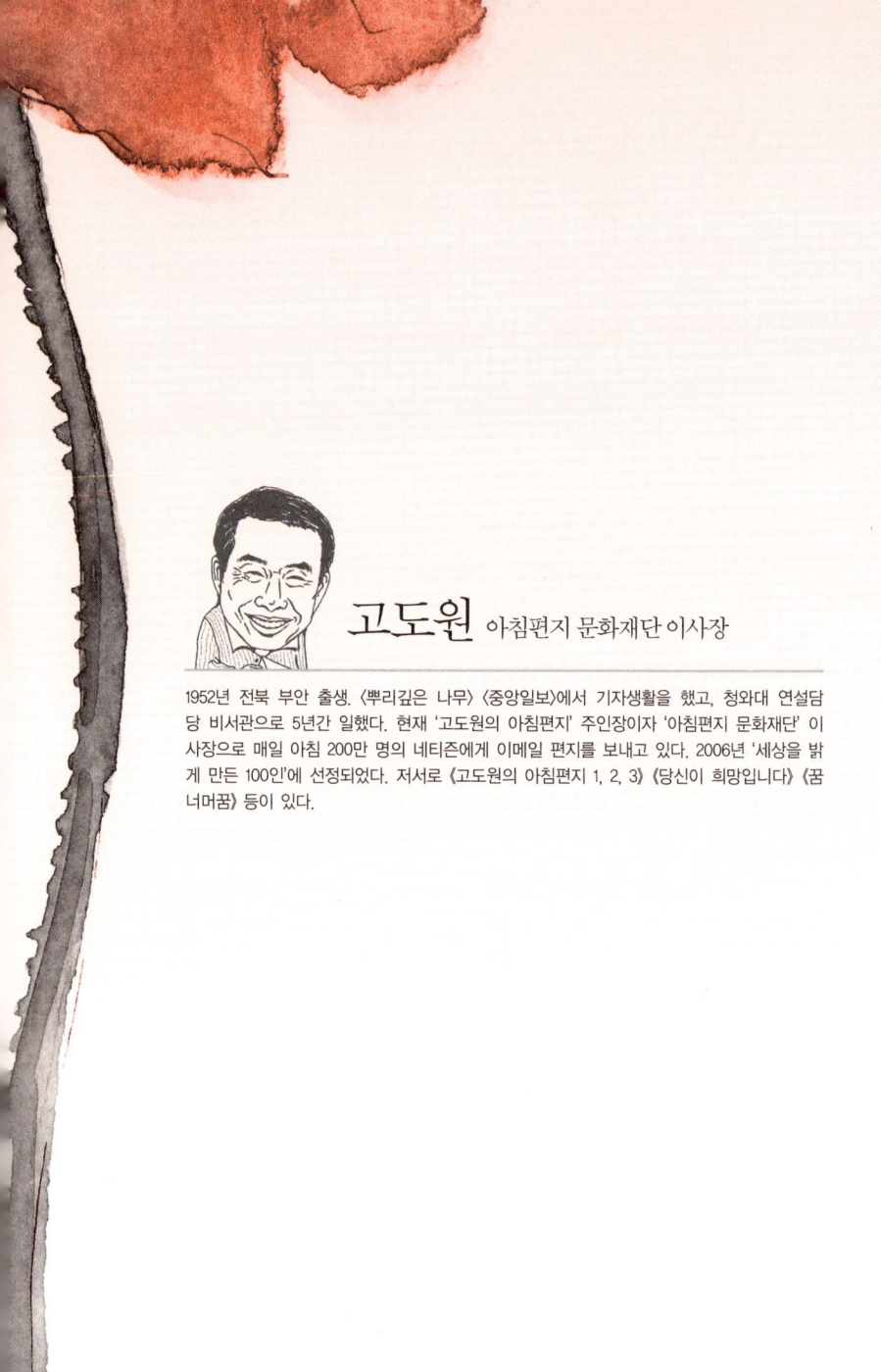

고도원 아침편지 문화재단 이사장

1952년 전북 부안 출생. 〈뿌리깊은 나무〉〈중앙일보〉에서 기자생활을 했고, 청와대 연설담당 비서관으로 5년간 일했다. 현재 '고도원의 아침편지' 주인장이자 '아침편지 문화재단' 이사장으로 매일 아침 200만 명의 네티즌에게 이메일 편지를 보내고 있다. 2006년 '세상을 밝게 만든 100인'에 선정되었다. 저서로 《고도원의 아침편지 1, 2, 3》《당신이 희망입니다》《꿈 너머꿈》 등이 있다.

삶의 난로

연애란 우주를 단 하나의 사람으로 줄이고, 그 사람을 신에 이르기까지 확대하는 것이다. —빅토르 위고

사람들은 저마다 주머니 난로 같은 추억의 물건을 가지고 있습니다. 사랑하는 사람이 준 선물은… 몸이 아닌 마음속에 품고 사는 것입니다.

연애도 우리 삶에서 빼놓을 수 없는 '난로'겠지요? 단 3일간의 사랑을 평생의 추억으로 간직한다는 건 그저 소설 속의 이야기만은 아닙니다.

사랑이 이루어지지 못했다 해도, 우리는 그 애틋함으로 인해 결국 뜨거운 가슴을 가질 수 있습니다.

과거

집착만큼 우리의 삶을 오랫동안 병들게 하는 것은 없다. 집착은 인생을 황폐하게 만든다.
–아르투르 쇼펜하우어

　지난 과거 때문에 힘들어 하는 분들이 의외로 많이 있습니다. 과거 때문에 흔들리는 관계도 종종 볼 수 있는데요, 과거에 매여 있는 한 발걸음을 앞으로 내딛기가 어렵습니다.

　자기의 과거는 말할 것도 없고, 상대의 과거를 자유롭게 놓아주세요. 과거를 놓아준 만큼 미래가 열립니다. 나와 상대방을 아프게 하는 모든 과거와 하루에 몇 번씩이라도 이별을 고해보세요.

30초 규칙

신속한 결정은 안전하지 않다. −소포클레스

'30초의 규칙'이란 게 있습니다. 어떤 일을 결정해야 하는 순간에 섰을 때 딱 30초만 더 생각하라는 것입니다.

삶은 결단의 연속이기에 결단과 결정의 순간이 수없이 반복됩니다. 그 한순간 한순간의 결정이… 인생을 좌우합니다.

어쩌면 30초 규칙은 '30초'라는 물리적 시간을 말하는 것이 아니라, 중요한 일일수록 한 번 더 살펴서 결정하라는 뜻이겠지요? 한 번 더 살피면 안 보였던 길이 보입니다.

효도 전화

누군가에게 그날을 생애 최고의 날로 만들어주는 것은 그리 힘든 일이 아니다. 전화 몇 통, 감사의 쪽지, 몇 마디의 칭찬과 격려만으로 충분하다. -댄 클라크

통화에~ 문자 메시지에~ 이메일에~ 메신저까지… 우리는 쉼 없이 누군가와 소통을 원합니다.

그런데 그 누군가 속에 혹시, 부모님도 포함되어 있나요? 우리가 소통에 목말라 있듯, 부모님은 자식과의 소통에 목말라 하십니다.

자주 전화하세요. 할 말이 없으면 가끔은 "오복순 씨~" 하고 어머니 이름을 장난스럽게 불러보세요. 수화기 너머 어머니 목소리에는 분명 행복이 묻어 있을 겁니다.

# 이시형 정신과 의사

1934년 대구 출생. 미국 예일대에서 신경정신과학 박사학위를 받았다. 경북의대 교수, 강북삼성병원 원장, 사회정신건강연구소 소장 등을 지냈으며, 현재 한국자연의학종합연구원 원장과 힐리언스 선마을 촌장을 맡고 있다. 대한민국을 대표하는 정신과 의사로 건강과 자기계발에 관한 숱한 강연을 통해 대중에게 인기가 높다. 《공부하는 독종이 살아남는다》《세로토닌하라》 등의 베스트셀러를 펴냈다.

걷기 치유

걸으면서 나의 가장 풍요로운 생각들을 얻게 되었다. 걸으면서 쫓아버릴 수 없을 만큼 무거운 생각이란 없다. −쇠렌 키르케고르

5분만 걸으면 행복해진다는 말을, 믿으시나요? 그럴 수 있을까요? 뇌 과학적으로 증명된 사실입니다. 학술적인 이야기가 아니더라도 일상에서 누구나 경험하고 있는 일입니다.

사뿐~사뿐~ 상쾌하게 걸으면 기분이 좋아집니다. 이런 순간 뇌에는, 행복물질 '세로토닌'이 분비되기 때문인데요.

걱정이 있거나 문제가 풀리지 않을 때, 5분만 걸어보세요. '걷기'의 정신 치유 효과를 보실 겁니다.

반갑다, 계단

좋은 약을 먹는 것보다 좋은 음식이 낫고, 좋은 음식을 먹는 것보다 걷기가 더 낫다.
―동의보감

지하철 에스컬레이터 앞에는 긴~ 줄이 늘어서 있고, 그 옆, 넓은 계단은 텅텅 비어 있는 걸 자주 봅니다. 우리는 언제부터 계단 공포증에 걸려 있는 걸까요?

계단을 오르면 건강도 오른다는 사실을 기억하세요. 다리의 근육 강화만이 아니라, 100계단만 걸어 올라도 60칼로리가 소비되니, 운동을 하지 않는 사람에겐 이보다 좋은 일이 없습니다.

계단을 만나거든 이렇게 인사를 해보십시오.
"아! 반갑다. 사람들이 여기다 계단을 만들어놓았네~"

창조만이 살길

이 세상의 모든 훌륭한 것들은 모두가 독창성의 열매이다. −존 스튜어트 밀

"무얼 해먹고 살지?"

몇 해 전 한 대그룹 회장이 한 걱정입니다. 엄살이 심한 거 아니냐구요?

당장 우리 시장을 둘러보면, 실감 나실 겁니다. 제조업도 MADE IN CHINA에 당하지 못하고, 컴퓨터 소프트웨어는 인도를 당할 수 없습니다.

주부가 찌개를 끓여도 창조적으로 해야 하는 시대입니다. 직장에선 창조적 인재를 찾습니다. 누구도 흉내 낼 수 없는, 새로운 걸 만들어내야 하는 시대, 이제는 창조만이 살길입니다.

진짜 공부

지적 욕구를 항상 새로운 것을 향해 돌리는 인간이야말로 지속적으로 내면적인 성장을 이룰 수 있다. −다치바나 다카시

학교를 졸업하면 공부와는 영영 인사할 줄 알았지만, 전혀 그렇지가 않죠? 운전면허 시험에 취직 시험, 진급 시험까지….

그런데 공부만큼 안전하고 확실한 투자는 세상에 없습니다. 당장 눈에 보이는 보상이 없다 해도 뇌의 '지적 자극'은 젊음과 건강을 안겨줍니다.

전문가가 별겁니까~ 학교 공부는 기초를 닦는 일, 진짜 공부는 사회인이 된, 지금부터입니다.

좋은 모습은 좋은 모습대로~

또 실수하는 모습은 실수하는 대로~

자기다운 모습을 보여주는 게,

행복의 지름길 아닐까요?

손정은 아나운서

1980년 서울 출생. 대학에서 정치외교학과 신문방송학을 전공했다. 2004년 부산 MBC를 거쳐 2006년 MBC 아나운서로 입사하여 주말 〈뉴스데스크〉 〈PD 수첩〉 〈W〉, 표준 FM 〈새벽이 아름다운 이유〉 〈보고 싶은 밤〉 등을 진행했으며, 현재 〈뉴스투데이〉 앵커를 맡고 있다.

즐기기

아는 사람은 좋아하는 사람만 못하고, 좋아하는 사람은 즐기는 사람만 못하다. −논어

처음에 뉴스를 맡았을 때, 잘해야 된다는 생각에 신문도 많이 읽고, 뉴스 모니터링도 매일같이 했습니다. 이런 노력이 발판이 되어 실력이 좋아질 줄 알았는데, 웬걸요~ 오히려 부담스럽고, 힘들기만 하더라고요.

문제가 뭐지? 곰곰이 생각을 해보니, 뉴스를 기쁜 마음으로 받아들이고 즐기는 게 아니라 그저 '일'로만 생각했던 거였어요.

잘하는 자 노력하는 사람 못 따라가고, 노력하는 자 즐기는 사람 못 따라간다는 말이 있죠. 여러분도… 중요한 일일수록 즐기는 마음을 가져보세요.

다른 생각

인간관계를 즐겁게 만드는 것은 상호간의 공통점이지만 인간관계를 흥미롭게 만드는 것은 상호간의 차이점이다. —토드 루스먼

　방송을 하다 보면 많은 사람들을 만나게 됩니다. 그들과 대화를 나누다 보면 배울 점도 많은데요, 가끔은, '와~ 정말 나와는 다른 생각을 하는구나~' 하고 깜짝 놀랄 때가 있습니다.

　처음엔 황당하기도 하고, '어떻게 저렇게 생각할 수 있지~' 싶은 게 이해할 수가 없었어요. '내 주변 사람들은 아무도 그렇게 생각 안 하는데~' 하면서요.

　우리 사회는 크게 둘로 나뉘어 다투고 있습니다. 더불어 사는 세상이라 하지만, 전혀 상대방을 이해하려 하지 않을 때도 많구요. 이런 때일수록 상대를 설득하고 이해하려 하는 노력이 필요하지 않을까요?

자기다움

이 세상에서 제일 중요한 것은 어떻게 하면 내가 정말 나다워질 수 있는가를 아는 것이다.
—미셸 몽테뉴

  방송을 하다 보면 제가 시청자들에게 어떻게 비쳐질까~ 방송 이미지를 신경 쓰게 됩니다. 하지만, 최대한 나의 모습을 감추고 좋은 모습만 보여주려 하다 보면, 결국 내가 만들어놓은 이미지에 갇혀 괴로워지는 상황에 오게 되더라구요.

  최대한 좋은 모습으로 일관한다 해도 언젠가는 결국 주위 사람들이 알게 되는 거죠.

  좋은 모습은 좋은 모습대로~ 또 실수하는 모습은 실수하는 대로~ 자기다운 모습을 보여주는 게, 행복의 지름길 아닐까요?

롤 모델

인생에서 성공의 열쇠는 현명한 사람들의 좋은 생각들을 잘 이용하는 데 있다.
-레프 톨스토이

인생을 살면서 한 명의 롤 모델을 갖는다는 건 참 행복한 일입니다. 제가 꼽는 롤 모델은 중국 간판 앵커이자 환경보호와 교육에 앞장서는 양란이란 분입니다.

그녀 앞에는 많은 수식어가 붙지만, 무엇보다 저를 감동시켰던 건 그녀의 겸손함, 신중함, 자신감과 우아함이었습니다. 그녀의 삶을 그대로 따라갈 수는 없지만 앞으로도 저에게 많은 영감을 주리라 생각합니다.

여러분도 여러분만의 롤 모델을 정해보세요. 인생의 갈림길에서 더 현명해질 수 있을 거예요.

전제덕 하모니카 연주가

1974년 서울 출생. 생후 보름 만에 시력을 잃었다. 1996년 라디오에서 우연히 투츠 틸레망의 연주를 듣고 하모니카의 매력에 빠져 재즈 하모니카를 독학으로 터득했다. 2004년 데뷔 음반이자 국내 최초의 하모니카 연주 음반 《전제덕》을 발매하여, 그해 한국대중음악상 최우수 재즈 & 크로스오버 부문을 수상했다. 이후 수많은 콘서트 무대에서 영혼을 울리는 연주를 선사하고 있다.

하모니카

신은 누구도 이 세상에서 할 일 없이 살아가도록 만들지 않으셨다. 신은 모두가 자신의 일에서 행복해지도록 만드셨음이 분명한 듯하다. —존 러스킨

태어난 지 보름 만에 시력을 잃은 저는, 미래에 대한 두려움으로 힘들어 할 때… 하모니카를 만났습니다.

우연히 라디오에서 흘러나오는 투츠 틸레망의 음악에 반해 독학으로 하모니카를 배웠고, 손바닥만 한 악기를 손에 쥐고 연주할 때는 세상을 다 가진 듯 행복했습니다.

겨우 한 뼘 크기인 하모니카, 제겐 사람의 마음을 들었다~ 놨다~ 하는 힘입니다.

공감의 외침

보는 것은 믿는 것이지만, 느끼는 것은 진실이 된다. −토머스 풀러

2005년, 첫 연주 무대에 섰을 때의 감동을 잊지 못합니다. 무사히 마지막 연주까지 끝냈을 때 여기저기서 함성과 박수가 터져 나왔습니다.

그때! 관객석의 누군가가 외쳤습니다.
"제덕 씨, 우리 모두 서 있어요!"

그 관객의 외침은 지금도 벅찬 감동으로 남아 있습니다. 눈에 보이지는 않지만, 수많은 별들도 불을 켜고 하늘의 마음을 전해준다고 믿은 따뜻한 순간이었습니다.

평범과 비범

천재란 인내에 대한 위대한 자질 이외에는 아무것도 아니다. —조르주 루이 뷔퐁

누군가는 저에게 '천재'라는 표현을 쓰지만, 저는… 한 달에 하모니카 하나를 망칠 정도로 피나는 연습을 거듭합니다.

한 곡을 천 번 이상씩 듣기도 하고, 너무 많이 들은 탓에 시디가 닳아 못쓰게 되기도 합니다.

'평범'과 '비범'의 차이는 노력을 조금 더 기울이느냐, 기울이지 않느냐에 따라 결정된다고 하죠? 시력을 잃어 '평범'보다 한참 부족한 제가 '천재 하모니카 연주자'라는 과분한 수식어를 얻을 수 있었던 건, 그저… 노력 밖에는 없었습니다.

작은 거인

우리가 깊이 사랑하는 모든 것들은 마침내 우리 자신의 일부가 된다. -헬렌 켈러

하모니카는 누구나 한 번쯤 불어본 적이 있는 친근한 악기입니다. 하지만 다른 악기와 달리 '들숨'과 '날숨'의 균형이 생명입니다. 호흡조절을 놓치면 음이 쉽게 끊어지기 때문에 여간해서는 실력이 늘기 어렵습니다.

48개나 되는 음이 나오고, 오케스트라를 능가하는 큰 힘을 가진 하모니카! 저는 그런 하모니카를 닮고 싶습니다.

'덜 갖되 더 충실한 삶'을 사는 것…

서른넷 나이에 길 위에 섰을 때,

세상은 내게 보이지 않던 것들을

보여주기 시작했습니다.

김남희 여행가

1971년 강원 삼척 출생. 영국 버밍엄 대학에서 관광정책학 석사학위를 받았다. 2003년 적금을 깨 배낭여행을 시작한 이래 지금껏 지구 위를 혼자 여행하고 있다. 《소심하고 겁 많고 까탈스러운 여자 혼자 떠나는 걷기 여행 1, 2, 3, 4》 《유럽의 걷고 싶은 길》 《일본의 걷고 싶은 길 1, 2》 《외로움이 외로움에게》 등의 여행기를 냈고, 수입의 10퍼센트는 여행하는 나라의 아이들을 위해 쓰고 있다.

꽃 진 자리

추위에 떤 사람일수록 따뜻함을 느낀다. －월트 휘트먼

라오스를 여행할 때, 숙소의 옥상 벽에 이런 글이 쓰여 있었습니다.

"한때는 꽃을 사모도 했으나 이제는 잎들이 가슴에 사무친다."

한때 제게도 꽃만을 사랑하고, 꽃 핀 나뭇가지만을 바라보던 시절이 있었습니다. 하지만 크고 작은 실수를 거듭하며 인생이 뜻대로 풀리는 것만은 아닌 것을 조금씩 알아가기 시작했습니다.

꽃 진 자리에 남은 여린 잎에도 눈길이 가는 것, 앓아본 사람에게 남겨지는 미덕이 아닐까요?

길의 가르침

새로운 땅을 찾는 것이 아닌 새로운 눈을 갖는 것. 그것이 바로 진정한 발견 여행이다.
—마르셀 프루스트

　　인도 북부의 라다크에서 만난 미국인 할머니가 있습니다. 몇 년째 그곳에 머물며 자원봉사를 하는 할머니께 제가 물었습니다.
　"무엇이 당신으로 하여금 이 추운 나라에서 돈 한 푼 받지 않고 일하게 만드는 거죠?"

　　할머니의 답은 간단했습니다.
　"내가 기쁘기 때문이죠. 내가 자유롭고 행복하기 때문에 여기 있는 거예요."

　　'덜 갖되 더 충실한 삶'을 사는 것… 서른넷 나이에 길 위에 섰을 때, 세상은 내게 보이지 않던 것들을 보여주기 시작했습니다.

여행할 자유

여행은 우리를 경험하게 한다. 세상에서 내가 차지하는 부분이 얼마나 작은지 두고두고 깨닫게 하니까. ―귀스타브 플로베르

안나푸르나 트레킹 중에 만난 프랑스인 장 피에르는 직물을 사고파는 게 직업입니다. 그는 5월부터 9월 동안 니스에서 장사를 하는데, 저는 이런 질문을 던졌습니다.
"1년에 겨우 6개월 일해서 충분한 돈이 돼요?"

아저씨는 이런 대답을 합니다.
"충분해요. 물론 부자가 될 수는 없지만… 그런데 여행할 수 있는 자유와 시간이 있느니, 이 정도면 부자 아닌가요?"

가끔, 장 아저씨의 말을 떠올려봅니다.
"여행은… 인생이라는 차의 엔진과 같은 것이다."

검은 대륙의 친구

여행은 다양한 지식과 사물 외에 관용과 이웃에 대한 사랑도 가르쳐준다.
-벤저민 디즈레일리

남아프리카공화국의 한 '에이즈 센터'를 방문했을 때 일입니다. 한 아이가 다가오더니, 제게 말했습니다.

"내 이름은 키아예요. 그런데 한국 아이들은 어렸을 때부터 게임기나 로봇을 자유롭게 즐긴다는 게 사실인가요?"

그러고는 "나도 한국에 태어났더라면 좋았겠다"는 말을 남깁니다.

검은 대륙 아프리카에서 처음 만난 그들… 그들은 여전히 가난과 외롭게 싸우고 있겠지요?

세월이 흘러 다시 그곳을 찾는다면, 그때 키아도 웃는 얼굴이었으면 좋겠습니다.

신의진 소아정신과 전문의

1964년 부산 출생. 연세대 의과대학원에서 박사학위를 받았으며, 현재 연세대 의대 소아정신과 교수, 영동 세브란스 소아정신과 전문의로 있다. 마음이 아픈 아이들이 없는 세상, 부모와 아이가 모두 행복한 세상을 만드는 자녀교육의 올바른 길을 제시해왔으며, 《현명한 부모들이 꼭 알아야 할 대화법》《현명한 부모는 아이를 느리게 키운다》 등의 책을 펴냈다.

혼자 가는 길

교사는 그저 학생을 도울 뿐이다. 마치 주인을 기다리는 하인처럼 말이다.
−마리아 몬테소리

정신분석가인 스콧 펙 박사는 《아직도 가야 할 길》이란 책에서 이렇게 말했습니다.
"부모가 해야 하는 것은 아이들을 돕는 것이지, 자신의 만족을 위해서 아이를 이용하는 것이 아니다."

인생이라는 여행은 결국 혼자서 떠나는 것입니다. 아이가 어떤 세상에서 어떤 능력을 펼쳐 보일지 어느 부모도 미리 알지 못합니다.

부모의 낡은 길에 아이를 섣불리 초대하지 마세요. 그저 아이가 그 길을 갈 수 있도록 여비를 마련해주고 이정표를 잘 읽어주면 됩니다.

왜?

자식을 교육하려면 조용하고 침착하며 정중한 태도를 유지하고 마음에 공손함을 갖고 해야 한다. -소학

　자녀를 키우면서 아이와 의견이 맞지 않아 다투게 되는 경우가 종종 있습니다.
　"하라는 대로 해라!" "부모가 말을 하면 무조건 들어야지!" 하고 강압적인 자세로 나오게 됩니다.

　아이에게 적합한 '틀'을 짜주기 위해서는 먼저 "왜?"라고 물어봐 주세요. 무조건 아이와 싸우지 말고 "왜 그러느냐"고 이유를 물어보는 겁니다.

　이유를 대면서 아이는 지적 논리적 능력이 발달하고, 사회성과 사고력도 자라날 수 있습니다.

지켜보기

교육이란 화를 내거나 확신을 잃지 않으면서도 거의 모든 것에 귀 기울일 수 있는 능력이다. －로버트 프로스트

저는 가끔씩 제 아이들에게 일부러 실수를 경험하게 해줍니다. 일부러 그런다기보단 아이가 흔히 저지르는 실수에 대해 가끔 모른 척 눈감아 준다고나 할까요?

실수는 아이에게 숨통을 트이게 하는 탈출구가 될 뿐만 아니라 스스로 문제를 해결하게 하는 원동력이 되기도 합니다.

작은 실수에 연연하기보다 발달이라는 큰 시각에서 아이를 지켜보는 여유를 가져보면 어떨까요?

느리게 키우기

내일 우리 아이들의 성품은 오늘 무엇을 배우느냐에 달려 있다. 너무 빨리 읽거나 너무 천천히 읽으면 아무것도 이해하지 못한다. ―블레즈 파스칼

아이를 느리게 기르는 세 가지 방법이 있습니다.

첫째, 화가 날 때는 절대로 혼내지 말고 이유를 모르면 어른이 참아야 합니다. 둘째, 아이 기르는 데는 가슴뿐만 아니라 머리도 중요합니다. 이웃에서만 모든 정보를 얻지 말고 아이에게 맞는 정보를 비판적으로 찾는 겁니다. 그리고 마지막으로 아이의 성장엔 '시간표'가 따로 있습니다. 내 아이의 성장 시간표를 믿고, 방해요소를 제거해주도록 노력해야 합니다.

부모 마음대로 급하게 아이를 몰고 가지 말아야겠습니다.

마음이

먼저 늙어 일찍 자신의

꿈을 접는 사람이 있습니다.

나이는

숫자에 지나지 않습니다.

중요한 것은

'꿈의 나이'이고, 지금이 가장 '빛나는 나이'입니다.

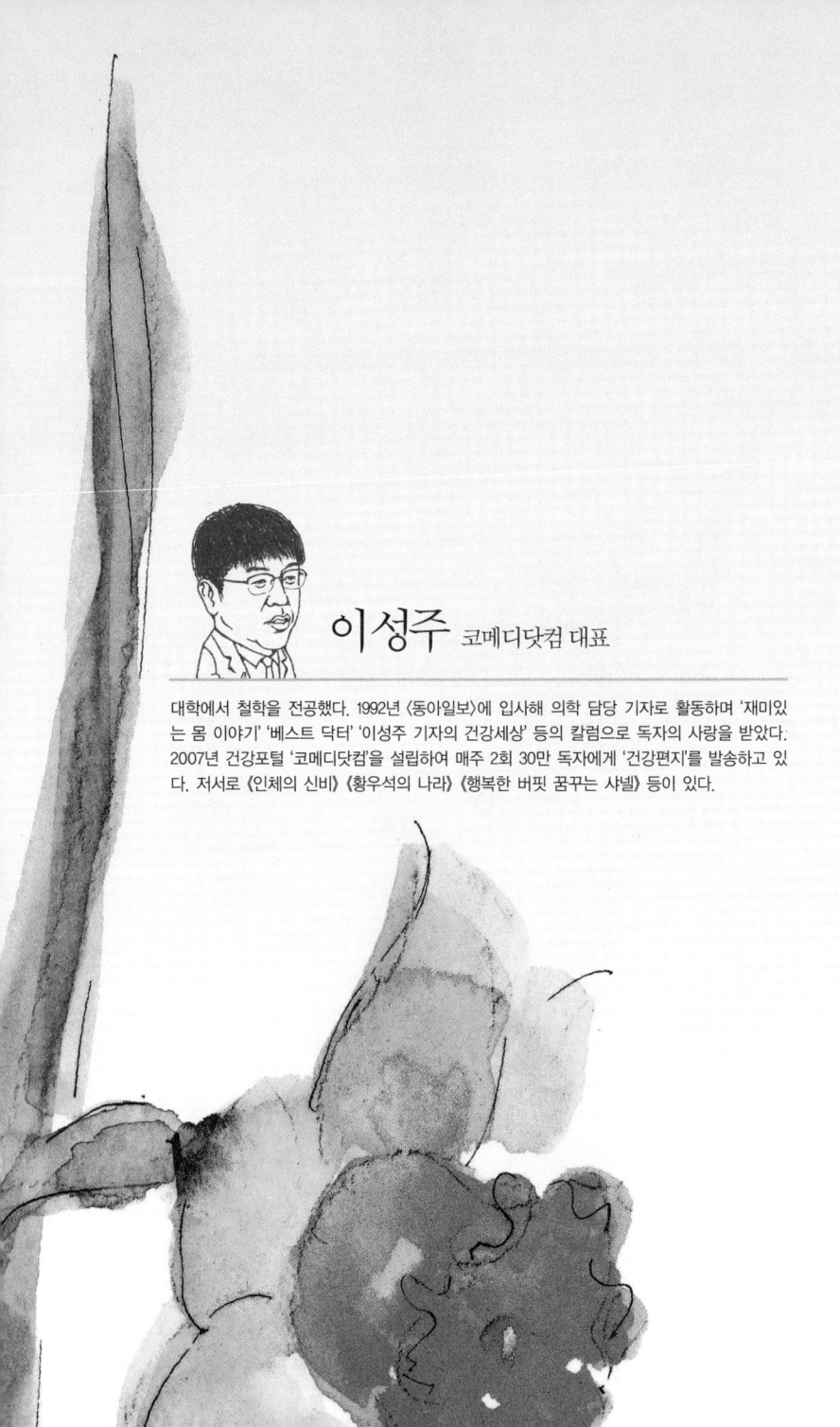

이성주 코메디닷컴 대표

대학에서 철학을 전공했다. 1992년 〈동아일보〉에 입사해 의학 담당 기자로 활동하며 '재미있는 몸 이야기' '베스트 닥터' '이성주 기자의 건강세상' 등의 칼럼으로 독자의 사랑을 받았다. 2007년 건강포털 '코메디닷컴'을 설립하여 매주 2회 30만 독자에게 '건강편지'를 발송하고 있다. 저서로 《인체의 신비》 《황우석의 나라》 《행복한 버핏 꿈꾸는 샤넬》 등이 있다.

불가능은 없다

당신이 가능하다고 믿든지 불가능하다고 믿든지, 결과는 당신이 믿는 대로 될 것이다.
-헨리 포드

김명민 씨가 열연한 '강마에'는 이탈리아 지휘자 토스카니니를 모델로 삼았습니다. 지휘봉을 던져버린 지휘자 대신 당시 19세였던 토스카니니가 〈아이다〉의 지휘를 맡게 되는데요, 청중은 1악장이 끝난 뒤 기립 박수로 마에스트로의 탄생을 축하했습니다.

눈이 나빠 악보를 볼 수가 없어 통째로 외웠다는 그에게는 나쁜 시력이 오히려 기회가 된 것입니다.

나를 괴롭히는 지독한 불운이 혹시 기회는 아닐까요? 뜻이 강하면… 불가능은 없습니다.

학교종

가장 달콤하고, 가장 해롭지 않은 삶의 길은 과학과 배움의 길을 통해 이른다.
-데이비드 흄

"학교종이 땡땡땡 어서 모이자~"
 어린 시절 불렀던 동요, 〈학교종〉은 김메리 여사가 만든 노래랩니다.

 김 여사의 어머니는 "도둑질을 빼고는 무엇이든 배울 수 있는 것은 다 배우라"고 가르쳤고, 김 여사는 이 가르침을 평생 가슴에 담고 끊임없이 자신을 발전시키며 살았습니다. 〈학교종〉 가사 대로 즐겁게 공부하며 살았기에 100세 넘는 나이에 고종명(考終命)할 수 있었던 게 아닌가 싶습니다.

 배움에는 끝이 없습니다. 또 배움만큼 즐거운 건 없지 않을까요?

괴짜 의사

훌륭한 본보기야말로 다른 사람에게 도움이 되는 선물이다. −토머스 모렐

의사 중에는 기인이 많지만, 콘택트렌즈와 쌍꺼풀수술을 국내에 도입한 공병우 박사만 한 괴짜도 드뭅니다. 공 박사는 자신의 장례식을 치르지 말 것을 유언으로 남기고, 90세에 세상을 떠났습니다.

"죽어서 한 평 땅을 차지하느니 그 자리에 콩을 심는 것이 낫다"며 시신 기증을 부탁하고, 유산은 맹인 복지를 위해 쓰라고 당부했습니다.

늘 배우는 자세로 옳은 것을 실천하고, 큰 뜻에 따라 산 공병우 박사… 그분의 삶을 닮고 싶습니다.

역사적 발명

성공한 사람이 되려고 하지 말라. 그보다 가치 있는 사람이 되기 위해 노력하라.
-알베르트 아인슈타인

'월드 와이드 웹'의 발명이 없었다면 오늘처럼 인터넷이 생활로 파고들지 못했을 겁니다.

'웹'은 스위스 제네바의 연구원이었던 팀 버너스 리가 개발했습니다. 돈과 명예에 욕심을 낼 수도 있었지만, 그는 웹 기술을 무료로 개방하고 MIT에서 학자의 길을 갑니다.

상상력을 갖고 재미있게, 보람 있는 일을 하는 것이 역사를 발전시킨다는 사실, 버너스 리를 통해 깨닫습니다.

꿈의 나이

다들 나이를 먹으면 많은 것을 포기해야 한다고 말한다. 하지만 나는 많은 것을 포기하기 때문에 나이를 먹는 것이라고 생각한다. ―시어도어 그린

    화가 애너 메리 로버트슨 모지스는 미국인에게는 국민 화가로 통하는 사람입니다. 놀랍게도 그녀는 76세 때부터 그림을 그리기 시작해, 101세에 영면하기 전까지 그림을 그렸습니다.

    주위에는 너무 이른 나이에 꿈을 포기하는 사람이 많습니다. 마음이 먼저 늙어 일찍 자신의 꿈을 접는 사람이 있습니다.

    나이는 숫자에 지나지 않습니다. 중요한 것은 '꿈의 나이'이고, 지금이 가장 '빛나는 나이'입니다.

김용건 탤런트

1946년 서울 출생. 1967년 KBS 공채 7기 탤런트로 데뷔했다. 드라마〈전원일기〉〈제5공화국〉
〈엄마가 뿔났다〉〈신이라 불리운 사나이〉〈황금물고기〉, 영화〈미녀는 괴로워〉〈가문의 부활〉
〈국가대표〉 등에 출연했다. 2008년 KBS 연기대상 조연상을 수상했다.

최고의 칭찬

맑은 날과 같은 좋은 성품은 모든 것에 한 줄기 빛을 발산한다. 그것은 노고를 풀어주며 불안한 상태를 달래준다. -워싱턴 어빙

나를 기분 좋게 해주는 칭찬은 뭐가 있을까요? 똑똑하다~ 일 잘한다~ 능력 있다~ 잘생겼다~ 뭐, 이런 말들은 들을수록 기분 좋은 칭찬이죠.

그런데 혹시 '좋은 사람'이란 칭찬, 들어보셨습니까? 예전에는 좋은 사람~ 하면 특징도 없고 재미없는 사람이라고 생각했는데, 세월이 흐른 지금 생각해보니, 누구의 마음에 좋은 사람으로 남는 것! 이것이야말로 참으로 귀한 것이구나~ 깨닫게 됩니다.

여러분은 누구에게 '좋은 사람'으로 기억되고 있으신가요? '잘난 사람'이 아닌 '좋은 사람'이 되기 위해 노력해야겠습니다.

내면 가꾸기

사람은 자신의 가슴속을 들여다볼 때 비로소 시야가 트이게 된다. 밖을 보면 꿈을 꾸지만, 안을 보면 깨어나게 될 것이다. -칼 융

 미국 문학의 아버지라 불리는 마크 트웨인의 명언이 있습니다. "인간이 80세로 태어나 18세를 향해 늙어간다면 인생은 무한히 행복하리라."

 이 한 줄로 인해 영화도 만들어졌는데요, 노인의 모습으로 태어난 '벤자민 버튼'이 시간이 갈수록 갓난아이로 돌아간다는 내용입니다.

 시간을 완전히 거꾸로 돌리는 것은 불가능하지만, 마음은 그럴 수 있습니다. 우리가 가꾸고 다듬어야 할 것은 피부와 몸매가 아니라, 내면의 아름다움입니다.

진정한 배움

> 평생 학생으로 남아 있어라. 배움을 포기하는 순간 우리는 한꺼번에 늙기 시작한다.
> —윌리엄 셰익스피어

경북 문경에 거주하는 80대 어르신이 무려 스무 차례의 시험 끝에 운전면허를 땄다는 소식을 들었습니다.

고령으로 보청기를 끼고, 문맹자 구술학과시험으로 합격을 했으니, 그 기쁨이 얼마나 컸을까~ 괜히 저까지 기분이 좋아지더군요.

배움은 이처럼 끝이 없습니다. 나이나 주변 환경의 어려움을 극복하고 해내는 것! 그것이 진정한 배움입니다.

신나는 인생

삶을 놀이처럼 살아야 한다. —플라톤

어릴 적엔… 돌멩이나 나무 막대기 하나도 훌륭한 장난감이었습니다. 어쩌면, 눈에 보이는 세상이 마술 같은 일들로 가득하지 않았나 싶습니다.

그런데, 지금은 어떠신가요? 그 시절보다 더 풍요롭고 아는 것도 늘었지만, 삶이 무료하다 인생이 심심하다~ 입버릇처럼 말하곤 합니다.

자! 취미도 좋고, 뭐든 좋습니다. 그때만큼 신나는 느낌을 되살려 뭔가 신나는 일들을 만들어보시면 어떨까요?